救捞政策与法规

（第二版）

吴 煦 / 编著

大連海事大学出版社
DALIAN MARITIME UNIVERSITY PRESS

图书在版编目(CIP)数据

救捞政策与法规 / 吴煦编著. — 2 版. — 大连 : 大连海事大学出版社, 2025. 3. — ISBN 978-7-5632-4678-6

Ⅰ. U676.8;D993.5

中国国家版本馆 CIP 数据核字第 2025NC2152 号

大连海事大学出版社出版

地址:大连市黄浦路523号 邮编:116026 电话:0411-84729665(营销部) 84729480(总编室)

http://press.dlmu.edu.cn E-mail:dmupress@ dlmu.edu.cn

大连天骄彩色印刷有限公司印装 大连海事大学出版社发行

2012 年 3 月第 1 版 2025 年 3 月第 2 版 2025 年 3 月第 1 次印刷

幅面尺寸:184 mm×260 mm 印张:5.25 字数:127 千

出版人:刘明凯

责任编辑:王桂云 责任校对:史云霞

封面设计:解瑶瑶 版式设计:解瑶瑶

ISBN 978-7-5632-4678-6 定价:13.00 元

第二版前言

自2012年本书出版以来，国际海事立法和我国的国内立法发生了显著变化，尤其是在海上救捞领域。随着全球经济的不断发展，海上交通的繁忙程度和船舶事故的复杂性也日益增加，救捞的理论与实践在此背景下经历了许多新的发展与挑战。在这一过程中，相关法律法规和国际条约不断更新与完善，特别是国际海事组织对海上救助相关规章的修改和新规定的出台，为国际和国内的救捞工作带来了更高的要求和更多的机遇。

与此同时，随着我国海事法律体系的逐步完善，国内救捞的法律框架和实际操作也经历了诸多变化。新出台的法律法规和政策文件使得我国海事救捞工作更加规范化、制度化，并逐步与国际接轨。针对这一系列变化，本书在此次修订中进行了一次全面的更新与改进。

基于上述原因，本次修订对书中大部分内容进行了删改，并重新编排和重写了部分章节。特别是在与国际海事立法和国内海事救捞法律相关的内容上，笔者对相关法律条文和政策进行了详细的分析和解读，以确保本书内容的时效性和准确性。尽管原书中的四、五、六章仍然保留了部分内容，但其余章节都经过全面的重写，以便更好地反映当前海上救捞领域的最新动态和发展趋势。

此次修订工作由笔者单独执笔，力求做到内容详实、逻辑严谨、易于理解。然而，由于笔者的水平所限，在编写过程中难免存在疏漏和不足。诚恳希望读者能够给予批评和指正，以便在今后的学习和研究中进一步完善本书的内容和结构。

大连海事大学法学院　吴　煦

2024年12月1日

第一版前言

本书作为救捞工程专业系列教材中的一部，立足于国内外救助打捞法律制度的理论与实践，意图培养学生具有国际视野；了解救助打捞的法律规范和政策；掌握我国救捞政策与法律、国外立法和国际公约的系统知识。

全书共分为十一章，分别是救助打捞概述、救助打捞的法律渊源、救捞主体、海难救助概述、人命救助、财产救助、环境救助、残骸打捞清除概述、残骸打捞清除国内外立法概况、残骸强制打捞清除的法律问题、残骸打捞清除的实施和管理。其中，第一章至第三章属于总论性质，主要介绍救助打捞的一般性法律知识和救捞法律关系主体的权利义务；第四章至第七章是海难救助部分，主要对人命救助、财产救助和环境救助分别进行了论述；第八章至第十一章是残骸清除打捞部分，主要对残骸清除打捞的相关法律问题进行了全面论述。为便于资料查阅，作者将相关法律法规作为附录附于书后。

本书第一章、第二章、第三章第一节和第二节、第四章、第五章和第六章由大连海事大学法学院吴煦编写；第九章、第十章、第十一章第一节和第二节及第三节由大连海事大学赵月林编写；第七章、第十一章第四节由大连海事大学高俊涛编写；第三章第三节由交通部救捞局冯建中和吴煦合作编写。全书由大连海事大学法学院吴煦统稿、定稿。在编写过程中，作者得到了我国救捞系统很多专家的大力支持和热情帮助，如广东潜水学校的陈水开校长、香港华德公司孙新江副总经理、烟台打捞局张奉岱处长、烟台救助局秦为志处长、上海打捞局张益经济师、救捞飞行队朱林飞队长、烟台打捞局赵世野工程师等，给本书作者提供了大量宝贵资料和有益建议，使本书能得以按时、顺利撰写完毕，作者对他们的帮助深表谢意。

由于时间、资料、作者水平的限制，本书的不足在所难免。欢迎各位专家、读者予以批评指正，以便将来再版时修订补充。本书出现的任何错误，一概由作者承担。

大连海事大学法学院　吴　煦

2011 年 1 月 5 日

目　录

第一章 海难救助概述

第一节 海难救助的概念和历史

一、海难救助的概念

传统上,海难救助有广义和狭义之分。广义的海难救助包括财产救助、人命救助和环境救助。狭义的海难救助仅指财产救助。传统上,单独的人命救助不属于《1989 年国际救助公约》规范的范畴。在财产救助的基础上,《1989 年国际救助公约》增设了救助方面:即使救助没有成功,但是救助方从事的救助作业防止或减轻了环境损害,有权获得特别补偿。本书采用的广义的海难救助,是指救助方对海上遇险的人命、财产以及环境污染损害,施以救助产生的法律关系。海难救助可以分为救助和救捞。历史上,救助和救捞有细微的区别,现在两者均属于救助的范畴,英美法以海难救助(salvage)一词统一称之。

完整的海难救助法律制度是在英美判例法的实践中发展起来的,故一直没有一个制定法上的定义。早在 1815 年"莱佛士州长"号(The Governor Raffles)一案中,斯托维尔(Stowell)勋爵说道:"我不知道为什么从来没有一本书对海难救助下一个确切的定义,但是现在我也不打算给其下定义。"①在《1910 年统一海难援助和救助某些法律规定公约》和《1989 年国际救助公约》中,这两个公约都没有给海难救助下定义。不过,在 1865 年"燧发枪手"号(The Fusilier)一案中,卢辛顿(Lushington)法官指出,海难救助报酬是建立在植根于罗马法中给予救助方丰厚报酬的鼓励救助原则和英美衡平法中公平正义原则的公共政策这两个重要基础上的。② 从这个意义上说,海难救助的核心在于救助报酬的确定和支付上,作为一个完整的法律制度,救助报酬的确定和支付构成了海难

① The Governor Raffles (1815) 2 Dods. 14 at 17.

② The Fusilier (1865) Br. of Lush. 341 at 347.

救助中必不可少的一部分。

狭义的海难救助是指救助方对海上或与海相通的可航水域遇险的船舶和其他海上财产进行救助,并在救助成功后,按照法律的规定或合同的约定请求救助报酬的法律制度。该定义实际上包含了海难救助的构成要件。首先,它表明了救助的对象是船舶和其他海上财产;其次,将这些财产限定在海上或与海相通的可航水域中;再次,在上述水域和财产标的中,遭遇海上危险是产生救助的前提;最后,救助会产生报酬,这种报酬要么是按照法律规定的,要么是按照合同约定的,但无论如何,只有救助成功才能获得相应的救助报酬。

二、海难救助的起源与发展

海难救助具有悠久的历史,按其时间先后可以分为以下几个阶段。

(一)占有遇难物时期

远古时代,欧洲沿海各国准许诸侯公开占有遇难物。在英美法下,占有(seisin)一词实际上是所有和占有的结合;在罗马法下,占有(possessio)是指人对物有事实上的管领力,亦即对物进行的实际控制。由此可见,不管是英美法还是大陆法,均注重占有人对物管领的事实。一般来说,只要其主观上有占有的意思,客观上对物进行着实际的控制,便可取得遇难物。

(二)对救助人补偿时期

公元前9—前8世纪前后的《罗得法》规定,救助者自愿救助他人的海上财产,有权按照获救财产的情况获得救助报酬。其后,12世纪左右制定的《奥列隆惯例集》、14世纪的《康索拉度海法》和一些中世纪的海法中提到了海难救助中对救助人的补偿。据此可以推测,先前那种自由占有遇难物的做法已经不再盛行,在漫长的历史时期里,已经建立起有关救助的简单法律原则。

(三)鼓励海难救助时期

1681年,法国路易十四时期制定的《海事条例》中规定了对海上遇难物的救助应当给予报酬。海难发生时,救助人所承担的风险较大,如果不对救助人规定较高的报酬或奖励,就没有人愿意实施救助,达不到保全船货的目的。

(四)法律适用国际统一时期

20世纪初,随着国际法律的统一化进程,在海难救助领域产生了《1910年统一海难援助和救助某些法律规定公约》(以下简称《1910年救助公约》)。该公约于1913年3

月 1 日起生效,现有参加国 70 多个。1989 年 4 月,在伦敦召开的外交大会上讨论通过了《1989 年国际救助公约》(International Convention on Salvage, 1989)。经过国际社会的努力,各国在海难救助领域的主要法律问题上基本趋于一致,有利于法律适用的国际趋同。截至 2023 年 4 月,该公约共有缔约国 77 个。1996 年 7 月 14 日,该公约对我国生效。

第二节 ◇ 海难救助的分类

一、财产救助、环境救助和人命救助

根据海难救助标的的不同,海难救助可以分为财产救助、环境救助和人命救助。财产救助是指救助方对海上或者与海相通的可航水域遇险的船舶和其他财产进行的救助形成的法律关系。① 财产作为救助的标的,因各国法律规定的不同而有差异。我国《海商法》和《1989 年国际救助公约》的规定一致,财产系指非永久地和非有意地依附于岸线的任何财产,包括有风险的运费。从这个定义看,可以作为海难救助的标的是非常广泛的,大致包括各类船舶及海上移动式装置、货物和有风险的运费等。海难救助的救助标的需是为海上或与海相通的水域遇险的财产,而非指救助方在海上或与海相通的水域进行救助。② 根据早期的美国判例法,曾要求构成海难救助客体必须是该财产具有海上财产的性质,即船舶、船舶属具、物品或者是船上的货物,等等。③ 但是,各国法律和判例不断扩大财产的外延,例如水上飞机、气垫船、岸上掉落海里的汽车等非永久依附于岸线的财产均适其例。亦即,海难救助客体的财产要求是在海上遇险即可,至于其是否原本具有海上财产的性质,则在所不问。

环境救助是指船舶或其船上货物对环境构成了损害威胁④,救助方对其进行救助产生的法律关系。在该定义中,首先,环境救助的前提是船舶或船上物品(含货物)必须对环境造成了环境损害的威胁,这类威胁往往是由污染、沾污、火灾、爆炸或类似的重大事故造成的。其次,该类损害是对人身健康,对沿海、内水或其毗连区域中的海洋生物、海洋资源所造成的重大的有形损害,并不包括无形的损害。最后,环境救助不是对船货本

① 《1989 年国际救助公约》第 1 条(a)项规定:"救助作业系指可航水域或其他任何水域中援救处于危险中的船舶或任何其他财产的行为或活动。"

② 在对《1989 年国际救助公约》翻译时,这里出现了一个瑕疵,将其翻译为在海上或者与海相通的可航水域对遇险财产进行的救助,同样,《海商法》第 171 条的规定同样延续了该瑕疵。

③ G.吉尔摩,C.L.布莱克.海商法[M].杨召南,等,译.北京:中国大百科全书出版社,2000:724-725.

④ 环境损害系指由污染、沾污、火灾、爆炸或类似的重大事故,对人身健康,对沿海、内水或其毗连区域中的海洋生物、海洋资源所造成的重大的有形损害。

身进行救助,而是防止或减轻海洋环境损害,其救助标的不在于船货本身,但对船货本身的救助可能会产生防止环境损害的后果,例如在财产救助(抽油)的同时防止了油类溢出造成环境污染的损害。

人命救助是指以人命为救助标的的救助法律关系,单独的人命救助不在《海商法》的规范范围内。依据各国法律和国际公约的规定,人命救助是一项人道主义义务,是救助者的一项法律义务。我国《海商法》第174条规定:"船长在不严重危及本船和船上人员安全的情况下,有义务尽力救助海上人命。"在单独的人命救助中,救助人无权向获救人员索取报酬;在救助财产的同时也救助了人命,我国《海商法》第180条第(五)项规定,救助方获得的救助报酬中,应考虑到其在救助人命方面的技能和努力;如果救助人只救助了人命,而另外的救助人救助了财产,人命救助方有权从财产救助方的救助报酬中获得合理的份额。我国《海商法》第185条规定:"在救助作业中救助人命的救助方,对获救人员不得请求酬金,但是有权从救助船舶或者其他财产、防止或者减少环境污染损害的救助方获得的救助款项中,获得合理份额。"

二、自愿救助、合同救助和雇佣救助

根据海难救助主体主观上的意愿可以将其分为自愿救助和义务救助。自愿救助也称为纯救助,是指船舶、货物等财产遭受海上危险后,被救助方未请求救助方救助,由救助方自愿进行救助并救助成功产生的法律关系。海难救助发端于纯救助,后来才出现合同救助等形式。① 它和合同救助最大的不同在于救助双方没有达成救助的合意,与合同救助相同之处是救助必须是自愿的、被救助物遭遇海上危险以及救助要有效果。对于纯救助的法律性质,主要有特殊行为说、法律行为说、准契约说、无因管理说和不当得利说,其中以准契约说最为有力。义务救助是指船舶或其他财产遭遇海上危险,负有合同或法律上救助义务的救助方实施的救助行为。法律规定的义务救助包括海上人命救助、碰撞后对对方船舶及船上财产的救助和《1989年国际救助公约》规定的公共当局实施和控制的救助。如果救助是出于保护人命、海上交通安全和海洋环境的需要,海事主管机关可依职权对遇险人员和船舶进行救助。在这种情况下,救助不需征得被救助方的同意。②

根据救助合同签订方式的不同,可以分为合同救助和雇佣救助。合同救助是指在海上危险发生时,救助方和被救助方签订救助协议按照"无效果,无报酬"的原则进行救

---

① The Elfrida, 172 U.S. 186, 192 (1898).

② 我国《海洋环境保护法》第90条规定:"船舶发生海难事故,造成或者可能造成海洋环境重大污染损害的,国家海事管理机构有权强制采取避免或者减少污染损害的措施。对在公海上因发生海难事故,造成中华人民共和国管辖海域重大污染损害后果或者具有污染威胁的船舶、海上设施,国家海事管理机构有权采取与实际的或者可能发生的损害相称的必要措施。"

助的一种方式。这是当今海难救助中最为普遍的一种形式,在海难救助历史实践中发展起来的"无效果,无报酬"原则是传统海难救助的基础。根据该原则,救助人必须对财产救助成功,才能以该获救财产价值的一定比例作为救助人的救助报酬;如无财产获救,救助人也就无权取得报酬,如财产全部或部分获救,救助报酬不得超过获救财产的价值——"救助基金"。

雇佣救助是指救助方和被救助方约定不论救助成功与否,被救助方都应按约定的费用或费率支付报酬的救助行为。雇佣救助在性质上与"无效果,无报酬"的救助合同存在诸多不同,更多体现了雇佣服务(employment service)的性质,有的学者认为其应为海上服务合同。[①] 笔者认为,雇佣救助仍然是以救助为目的的法律行为,双方对于救助报酬的约定并不改变其救助的性质,但是行为上和传统的"无效果,无报酬"的救助具有很大的不同,因此在法律适用上可以将两者进行区分,从而使法律的调整更为准确有效。历史上,雇佣救助一般见于比较简单或救助方为非专业救助公司的救助作业,例如,简单的船舶脱浅和拖航等。但是随着救助双方对于风险和费用的控制,雇佣救助有逐渐增多的趋势。

雇佣救助与英国法上特有的雇佣服务(engaged service)应予以区分。雇佣服务是指受雇人按照船舶所有人的指派或命令从事了相关的服务,虽然没有救助效果,但是该财产被他人救助成功,受雇人可以比照救助报酬获得一定的酬金。雇佣救助则是指救助双方在合同中约定不管救助成功与否,救助方均可以获得一定的报酬的救助行为。[②] 雇佣救助合同中约定的计酬方式与《1989 年国际救助公约》第 13 条和我国《海商法》第 180 条的计酬不一样,根据合同自由,该计酬方式有效。该救助报酬并非公约和法律中的"无效果,无报酬"的救助报酬,不具有船舶优先权的性质,但是根据《2016 年约克·安特卫普规则》第 6 条的规定,可以纳入共同海损由受益方进行分摊。[③] 此外,根据最高人民法院"加百利"号(Archangelos Gabriel)案的判决,雇佣救助合同中约定与《1989 年国际救助公约》和我国《海商法》不同的部分,可以适用《合同法》(现为《民法典》合同编)的规定。[④]

雇佣救助报酬的支付和救助成功与否无关。如在救助合同中约定不论救助成功与否都需要支付一定的救助费用,此外还规定按照救助效果再增加若干救助奖励。该规定虽然使救助报酬和救助效果有了一定联系,但是如果基础费用是不论救助成功与否都需要支付的,其只是在实际费用基础上的奖金,不宜认定为其具有混合合同的性质。

---

① 司玉琢.海商法专论[M].北京:中国人民大学出版社,2007:454.

② 吴煦,司玉琢. 雇佣救助合同法律性质比较研究[J].国际法研究,2017(5):3-14.

③ 司玉琢,吴煦.论雇佣救助费用和船舶优先权、共同海损之间的关系[J].中国海商法研究,2023(1):3-13.

④ 交通运输部南海救助局诉(希腊)阿昌格罗斯投资公司、香港安达欧森有限公司上海代表处海难救助合同纠纷再审案,(2016)最高法民再 61 号民事判决书。

如果救助合同中仅仅约定固定的救助费用,但并未清晰地表明和救助效果无关,则不宜认为其为雇佣救助合同。在雇佣救助中,救助的指挥权往往在被救助一方,但并非所有的合同都如此规定。对于被救助船舶所有人来说,雇佣救助常常可以减少其支出的费用;对于救助方而言,其减少了获得报酬的风险。虽然“无效果,无报酬”救助合同仍然处于主要地位,但是实践中使用雇佣救助合同的比例也在增长。

合同救助一般采用“劳氏救助标准合同格式”(LOF)。该合同又称“劳埃德公开格式”,目前最新版为2020年修订版,依然以“无效果,无报酬”为原则。中国海事仲裁委员会于2022年修改了1994年版的救助合同,现称之为“北京格式2022”。该格式的前言表格部分共有9项,背面条款共有13条,与此配套,还制定了“中国船东互保协会特别补偿条款”(CSCOPIC)。中国船东互保协会特别补偿条款又含3个附件:附件1费率,附件2特别事故代表和附件3特别代表,以供当事人选择使用。在LOF 2020下,救助合同由主合同和救助仲裁条款(Lloyd's Salvage Arbitration Clauses,LSAC)组成,LOF 2011原程序条款和固定费率条款都并入LOF 2020救助仲裁条款,内容互相引用,错综复杂。我国“北京格式2022”则未采取这种模式。

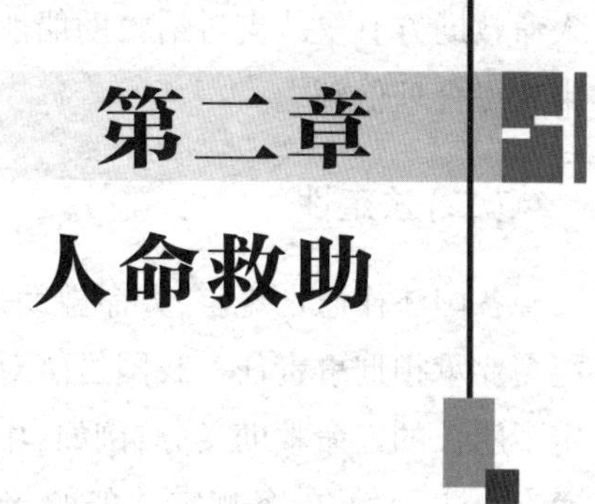

第二章 人命救助

第一节 人命救助的定义和特征

一、人命救助的定义

人命救助是指救助方对遭遇海上危险的人员进行搜索和营救的行为。人命救助包括两个互相联系且不可或缺的部分——人命搜索和人命营救,故也称之为人命搜救。人命救助是国际公约和国内法基于人道主义原则而为船长规定的一项强制性公法义务。《1910 年救助公约》第 11 条第一款规定,船长在海上发现遭遇生命危险的每一个人,即使是敌人,都必须援助,只要这样做对其船舶、船员和旅客没有严重危险。《1958 年日内瓦公海公约》第 12 条也有类似规定。《1982 年海洋法公约》第 98 条规定了缔约国海难救助的义务,即每个国家应责成悬挂该国旗帜航行的船舶的船长,在不严重危及其船舶、船员或乘客的情况下实施救助。该公约还规定沿海国在履行搜寻和救助服务时进行区域性安排与邻国相互合作的义务。《1989 年国际救助公约》第 10 条规定,只要不至于对其船舶及船上人员造成严重危险,每个船长都有义务援救在海上有丧生危险的任何人员,而且缔约国应采取必要措施履行该款所规定的义务。各国国内法也都有类似规定。

二、人命救助的特征

从各国关于人命救助的立法上,我们可以看到人命救助具有以下的特征:

(一)公益性

海上人命救助是一种公益性救助。人命救助不以营利为目的,而是以提高社会的整体道德水平和增进社会福利为目的。单纯的人命救助不能获取救助报酬,这是各国法律普遍的规定。人命救助是基于道义和公法上的一项义务,救助人当然不能据此获得救助报酬。① 但是,作为法律的例外规定,假如在救助人命的同时,也救助了财产,则人命救助方有权从支付给救助船舶、其他财产或防止或减轻环境损害的救助人的报酬中获得合理份额。

(二)法定性

各国法律通常规定,人命救助是船长必须履行的法定义务,违反人命救助的规定可能需要承担刑事责任。我国虽然对违反人命救助的刑事责任暂付阙如,但法律也都规定了船长的人命救助义务,例如《中华人民共和国海上交通安全法》(以下简称《海上交通安全法》)第75条规定:“船舶、海上设施、航空器收到求救信号或者发现有人遭遇生命危险的,在不严重危及自身安全的情况下,应当尽力救助遇险人员。”《中华人民共和国海商法》(以下简称《海商法》)第174条也有如此规定。人命救助是各国国内法或国际公约确立的一项强制性法律义务。

(三)优先性

海上人命救助应坚持以人为本的原则。我国《海上交通安全法》第66条规定:“海上遇险人员依法享有获得生命救助的权利。生命救助优先于环境和财产救助。”不论是国际海事条约,还是各国海事立法,都无一例外地彰显了海上人命价值优先的理念。

第二节 人命救助的实施和管理

人命救助作为各国公法上强制性约束的救助,是为保障海上人命安全,使海上遇险人员获得及时、有效的救助。目前,我国关于人命救助的法律法规,主要有《中华人民共和国内河交通安全管理条例》《中华人民共和国海上交通安全法》《中华人民共和国海商法》《中华人民共和国安全生产法》《中华人民共和国突发事件应对法》《中华人民共和国无线电管理条例》《中华人民共和国海上海事行政处罚规定》《国家海上搜救应急预案》和各省、自治区、直辖市所制定的地方性法规、条例。这些规定比较分散,有待在《海上人命搜寻救助条例》的制定中统一做出规定。此外,我国参加的国际公约或双边协定也构成我国海上搜救的法律渊源。②

---

① Donald O'may, JuliamHiu.奥梅(OMAY) 海上保险:法律与保险单[M].郭国汀,等,译.北京:法律出版社,2002:478.

② 如《联合国海洋法公约》《1974年国际海上人命安全公约》《1979年国际海上搜寻救助公约》《中美海上搜救协定》《中朝海上搜救协定》等。

一、主管机关及其职责

海上人命救助实行政府领导、统一指挥、分级管理、属地为主、就近快速的原则。坚持国家专业救助力量、社会救助力量相结合，自救与他救并举。国家海上搜救应急组织指挥体系由应急领导机构、运行管理机构、咨询机构、应急指挥机构、现场指挥、应急救助力量等组成。

国家建立海上搜救部际联席会议（以下简称“联席会议”）制度，在国务院领导下统筹研究、议定海上搜救重要事宜，指导全国海上搜救应急反应工作。国务院交通主管部门主管全国海上搜救工作；国务院交通主管部门海事行政管理机构负责全国海上搜救业务的管理工作。在交通运输部设立中国海上搜救中心，作为国家海上搜救的指挥工作机构，负责国家海上搜救部际联席会议的日常工作，并承担海上搜救运行管理机构的工作。部际联席会议成员单位根据各自职责，结合海上搜救应急反应行动实际情况，发挥相应作用，承担海上搜救应急反应、抢险救灾、支持保障、善后处理等应急工作。

二、救助原则

为海上遇险人员提供及时有效的救助是各级人民政府的职责。海上人命救助应坚持以人为本的原则，遇险人员有获得无偿救助的权利。险情发生后，遇险船舶、设施、航空器及其所有人、经营人应采取一切有效措施积极自救。事故现场附近的船舶、设施、航空器收到搜救指令、求救信号或发现有人遇险时，在不严重危及自身安全的情况下，应积极履行救助遇险人员的义务。

三、险情报告制度

险情报告制度主要由预警机制、险情值守、险情报告、险情核实和上报组成。

预警机制是指各级海事管理机构及渔业、海洋、气象等有关部门和单位应按照各自职责及时收集、研究分析可能发生海上险情的信息，根据有关规定及时发布预警信息，并及时向当地海上搜救中心通报。

险情值守是指各级海事管理机构、救捞局及渔业、海洋、气象等有关部门和单位应建立健全应急值班及通信联络制度，确保通信信息联络畅通并随时接收各种海上遇险报警。各相关单位和部门在接到险情报警后应及时通报当地海事管理机构。

险情报告是指任何船舶、设施或个人在海上遇险时应立即向就近的海事管理机构报告；任何公民、法人或其他组织以及船舶或设施获悉海上险情时应立即向就近的海事管理机构报告。

险情核实和上报是指各级海事管理机构收到险情报告后,应立即对险情进行核实并按照规定的要求和程序向搜救中心通报并向上级海事管理机构报告。搜救中心接到海事管理机构的险情通报后,应对险情救助工作进行评估,提出指导意见并向当地人民政府报告。各级人民政府收到海上搜救中心的险情报告后,应对救助工作进行组织和领导。

四、搜救行动

(一)确定遇险性质和救助要求

当报警船舶为中国籍船舶时,值班人员应在查出报警船舶船名后,与该船舶所有人、经营人、代理人或通过船籍港的省级海上搜救中心或海事部门核实遇险情况;当报警船舶为外国籍船舶时,值班人员应与报警船舶所属国搜救部门联系核实遇险情况;报警位置不在中国海上搜救责任区内时,应立即通知该搜救责任区所属国家或地区的搜救部门,并核实遇险情况,及时掌握搜救进展情况;当中国籍船舶、飞机在中国海上搜救责任区之外发出遇险报警时,值班人员应及时与船舶所有人进行联系以便确定船舶遇险情况,并负责帮助船舶所有人与负责该搜救责任区的搜救中心建立联系,掌握救助进展情况。

(二)制定搜救方案

市级海上搜救中心认为险情重大或搜救行动需要由省级搜救中心指挥时,应及时报请省级搜救中心进行协调和指挥;省级海上搜救中心可以根据险情等级指定市级海上搜救中心进行组织、协调。对于重特大险情或可能造成重大影响的搜救行动,中国海上搜救中心认为必要时,可直接进行组织、协调。

(三)组织、协调搜救力量

各有关单位或部门应服从搜救中心的搜救协调,及时派出搜救力量参与搜救行动。搜救中心协调专业救助力量及政府部门或企事业单位、社会团体、个人所有搜救力量参加海上搜救行动,由负责指挥搜救行动的海上搜救机构负责;协调香港、澳门、台湾地区救助力量参加海上搜救行动或应香港、澳门、台湾地区请求参与搜救行动的,省级海上搜救中心与其签署协议的,由省级海上搜救中心负责协调;未签订协议的,由中国海上搜救中心负责。协调其他国家救助力量或者应其他国家请求参与搜救行动,由中国海上搜救中心负责。

(四)指挥搜救行动

现场指挥由第一艘抵达险情现场的船舶承担,必要时负责组织协调的搜救中心可以指定现场指挥。现场指挥应执行搜救中心的搜救指令,并及时向其报告现场情况和搜救结果。所有参加搜救行动的船舶、设施、航空器应服从现场指挥的指挥。如无救助

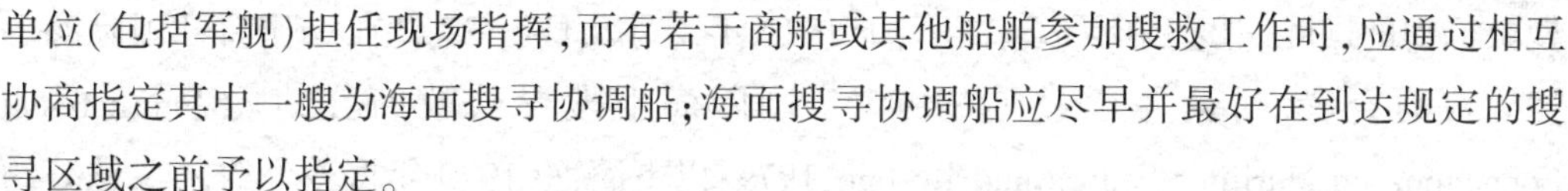

单位(包括军舰)担任现场指挥,而有若干商船或其他船舶参加搜救工作时,应通过相互协商指定其中一艘为海面搜寻协调船;海面搜寻协调船应尽早并最好在到达规定的搜寻区域之前予以指定。

(五)跟踪搜救结果,调整搜救方案

搜救中心跟踪搜救行动的进展,查明险情因素、造成事件扩展和恶化的因素,控制危险源和污染源,对救助措施的有效性进行分析、评价,调整搜救方案,减少险情造成的损失和降低危害,提高搜救效率和救助成功率。在采取具体的搜救行动中,应急行动组、现场指挥和救助人员有权根据事态的发展采取有效的行动,甚至对现场指挥部下达的指令进行适当的调整,使之更符合实际,但该调整或将要采取的措施应及时报告搜救中心或现场指挥部。

(六)中止、恢复或结束搜救行动

受气象、海况、技术状况等客观条件的限制,致使海上搜寻救助特定行动无法进行的,可以中止海上搜寻救助行动;如获悉新的信息或认为需要时,可以恢复搜救行动。

有下列情形之一的,可以结束搜救行动:(1)所有可能存在遇险人员的区域均已搜寻;(2)幸存者在当时的气温、水温、风、浪条件下得以生存的可能性已完全不存在;(3)海上突发事件应急反应已获得成功或紧急情况已不复存在;(4)海上突发事件的危害已彻底消除或已控制,不再有扩展或复发的可能。

搜救行动的中止、结束指令由负责协调的搜救中心请示地方人民政府后决定;海上搜救中心应及时向参加海上搜救行动的单位和个人通报海上搜寻救助中止或终止的决定;未经负责协调的搜救中心同意,参加搜救行动的船舶、设施、航空器不得擅自退出搜救行动。

(七)总结、评估

搜救行动结束后,负责指挥的海上搜救中心应及时对搜救行动进行总结和评估,并对搜救有功人员进行表彰奖励。表彰奖励的具体办法由国务院交通主管部门会同其他相关部门或地方人民政府制定。

第三节　1979年国际海上搜寻与救助公约

一、公约的制定和修订

尽管传统国际法和国际条约(如《1974年国际海上人命安全公约》)都规定了船舶救助遇险船只的义务,但在《1979年国际海上搜寻与救助公约》通过之前,还没有涵盖

搜救行动的国际制度。国际海事组织于1979年4月9日至27日在汉堡召开国际海上搜寻救助会议,讨论并通过了《1979年国际海上搜寻与救助公约》(International Convention on Maritime Search and Rescue,1979;以下简称《1979年搜救公约》)。该公约自1985年6月22日起生效。我国于1985年6月24日加入该公约。截至2023年5月,共有缔约国114个。

《1979年搜救公约》旨在制定一项国际搜救计划,以便无论在哪里发生事故,搜救海上遇险人员都将由一个搜救组织协调,必要时还将由邻近的搜救组织合作。其技术要求载于附件,该附件分为5章。公约缔约方必须确保在其沿海水域提供充分的搜救服务做出安排,鼓励缔约方与邻国签订搜救区域协定,内容涉及建立搜救区域、集中设施、建立共同程序、培训和联络。公约指出,缔约方应采取措施,加快其他缔约方的救援部队进入其领海。公约还制定了应采取的准备措施,包括建立救援协调中心和分中心。确立了在发生紧急情况或警报以及搜救行动期间应遵循的操作程序,包括指定一名现场指挥及其职责。

《1979年搜救公约》通过后,海事组织海事安全委员会将世界海洋划分为13个搜救区,有关国家在每个搜救区划定了各自负责的搜救区域。1998年9月,在澳大利亚弗里曼特尔举行的会议上,印度洋计划最后确定后,所有这些地区的临时搜救计划都已完成。

《1979年搜救公约》对缔约方规定了相当多的义务,例如建立所需的岸上设施,因此公约没有像其他一些条约那样得到许多国家的批准。同样重要的是,世界上许多沿海国没有接受公约及其规定的义务。与会者普遍认为,接受数量少、执行速度慢的一个原因是公约本身存在问题,最好通过修订公约来克服这些问题。因此,1998年5月通过了经修订的公约附件,并于2000年1月生效。经修订的《1979年搜救公约》技术附件阐明了各国政府的责任,并更加强调区域合作以及海上和航空搜救行动之间的协调。

二、公约的主要内容

第1章　术语和定义

为了统一公约用语的含义,公约特对搜救区域、救助协调中心、救助分中心、海岸值守单位、救助单位、现场指挥、海面搜寻协调船、紧急阶段、不明阶段、戒备阶段、遇险阶段和迫降进行了定义和解释。

第2章　组织和协调

本章明确了政府的责任。它要求缔约方单独或与其他国家合作,建立搜救服务的基本要素,包括法律框架;指定职责部门;组织可用资源;通信设施;协调和运作职能;改进服务的流程,包括搜救规划、国内和国际合作关系以及培训。

各方应在有关各方同意的情况下,在每个海域内建立搜救区域。各方随后接受为指定区域提供搜救服务的责任。

本章还介绍了如何安排搜救服务和发展国家的搜救能力。各方必须建立搜救协调中心,并由受过培训、具备英语工作知识的员工 24 小时值班。缔约方还被要求"确保海事和航空服务之间尽可能密切的协调"。

第 3 章　国家之间的合作

公约要求缔约方协调搜救组织,并在必要时与邻国的搜救组织协调搜救行动。本章规定,除非有关国家另有协议,否则缔约方应在遵守适用的国家法律、规则和条例的情况下,授权其他缔约方的救援单位仅用于搜救目的,立即进入或飞越其领海或领土。

第 4 章　操作程序

本章规定,每个救援协调中心(RCC)和救援分中心(RSC)应掌握该地区搜救设施和通信的最新信息,并应制订详细的搜救行动计划。各方(单独或与其他方合作)应能够 24 小时接收遇险警报。确定紧急情况下应遵循的程序规则,并规定现场搜救活动应协调一致,以取得最佳效果。本章规定"在可行的情况下,搜救行动应继续进行,直到营救幸存者的所有合理希望都已消失"。

第 5 章　船舶报告系统

船舶报告系统包括关于建立用于搜救目的的船舶报告系统的建议,指出现有的船舶报告系统可以在特定区域为搜救目的提供足够的信息。

在修订《国际海上搜寻与救助公约》的同时,国际海事组织和国际民用航空组织(ICAO)联合制定并发布了《国际航空和海上搜寻救助(IAMSAR)手册》,该手册分为三卷,涵盖组织和管理、任务协调和移动设施。

2004 年 5 月,各国对公约附件进行修正,主要增加了海上遇险人员的规定,包括:

在第 2 章(组织和协调)中增加一个关于遇险人员定义的新段落;①在第 3 章(国家之间的合作)中新增关于协助船长将海上获救人员送往安全地点的段落;在第 4 章(操作程序)中新增一段,涉及救援协调中心启动确定海上遇险人员最合适上岸地点的程序。

修正案于 2006 年 7 月 1 日生效,同日对我国生效。

---

① 海上遇险人员的含义还包括在海上偏远之处的岸上避难而无法获得除本附则所规定者以外的救助设施的人员。

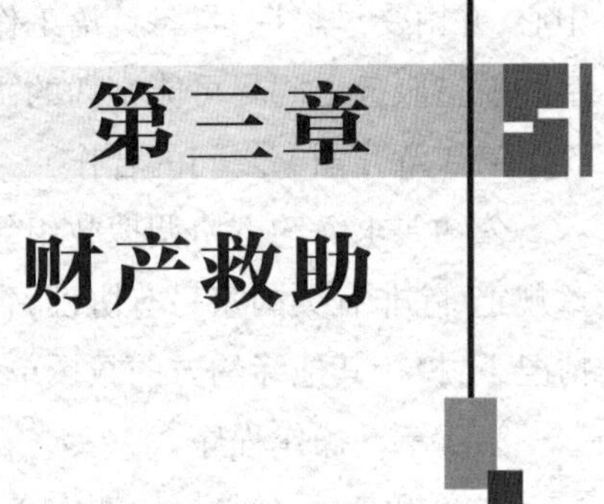

第三章 财产救助

第一节 财产救助构成要件

一、被救物必须为法律所承认

被救物作为法律关系的客体，是海难救助构成要件中必不可少的组成部分。按照《1910 年救助公约》第 1 条规定，能够作为海难救助标的财产仅仅包括海船、船上财产和运费。《1910 年救助公约》1967 年议定书第 1 条规定，救助标的为一切船舶，包括军舰和政府公务船。《1989 年国际救助公约》规定救助标的为“船舶或非永久性和非有意地依附于岸线的任何财产，包括有风险的运费”，但不适用军舰、政府公务用船，以及已就位的从事海底矿物资源的勘探、开发或生产的固定式、浮动式平台或移动式近海钻井装置。我国《海商法》第 172~173 条的规定和《1989 年国际救助公约》的规定一致。

(一)船舶

船舶是指海船和其他海上移动式装置(包括船舶属具)，但是用于军事的、政府公务的船舶和 20 总吨以下的小型船艇除外。第一，在海难救助中，只要法律关系的一方主体为我国《海商法》第 3 条定义的船舶即可，另外一方是否属于海船则可以不问。但无论在何种情况下，不管是救助方还是被救助方均不能是用于军事的、政府公务的船舶；如果使用符合我国《海商法》第 3 条定义的船舶进行救助，则 20 总吨以下的小型船艇也可纳入被救助船舶的范畴。第二，发生海难时，军舰和政府公务用船在国家有关主管机关从事或者控制下从事救助作业，救助方有权享受《海商法》第九章规定的关于救助作业的权利和补偿。第三，如果军舰和政府公务用船遭遇海难时被他船救助，虽然不构成海难救助，但救助方可以比照无因管理的法律规定要求其补偿救助中支出的有关费用

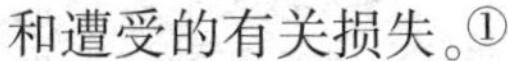

和遭受的有关损失。①

(二)其他财产

《1989年国际救助公约》第1条规定:"财产系指非永久性和非有意地依附于岸线的任何财产,包括有风险的运费。"我国《海商法》第172条第(二)项也如此规定。其他财产的范畴是非常广泛的,并且呈扩张的趋势。在英美法早期的判例中,由于人们的支配能力有限,被救的财产往往限定在海上财产。随着航运实践的发展,人类利用自然能力的增强,例如浮船坞、石油钻井平台、海底勘探和开发、航空器和卫星技术的发展,使海上财产的范围急剧扩张。只要是非永久性和非有意地依附于岸线的任何财产,不管这些财产最初的来源是陆上还是空中,均可以作为海难救助的标的。但是,与岸线固定连接的输油管道等,不能作为海难救助的标的。

有风险的运费往往是指到付运费。如果海运货物获救,就意味着承运人的运费也同时获救,所以,这种运费也就成为海难救助的标的。在英国法中,有风险的运费包括旅客的票款(passage money)。有风险的运费是《1989年国际救助公约》确定的无形财产,属于无体物中的范畴,其实际上是承运人向托运人或收货人收取运费产生的债权,而运费本身则是以一定金钱价值体现出来的货币,属于有形物的范畴。传统民法认为,民法上的物以有体物为必要,以无形物为例外。海难救助法律关系应该仅限于救助法律关系方之间的直接利益关系,而不能将间接利益(例如船舶抵押权、用益权、租金等)纳入海难救助法律关系中来,以免扩大到被救助方所有的债权人。

海上已经就位的从事海底矿物资源的勘探、开发或生产的固定式、浮动式平台和移动式近海钻井装置不是永久依附于岸线的财产,但也被《1989年国际救助公约》和我国《海商法》排除在外。如果该类平台或装置正在运往目的地的途中,则成为海难救助的标的。该规定将上述财产排除在外,主要是考虑到救助此类财产需要复杂的专业技术,如果救助不当,反而会给被救助方带来更大的损失。但是,随着救助作业的日益专业化和救助技术的发展,可以预见,将来法律也可能会将此类财产纳入被救标的的范畴。

---

① 《民法通则》(已废止)第109条规定:"因防止制止国家的集体的财产或者他人的财产、人身遭受侵害而使自己受到损害的,由侵害人承担赔偿责任,受益人也可以给予适当的补偿。"《最高人民法院关于贯彻执行〈中华人民共和国民法通则〉若干问题的意见(试行)》(已废止)第142条规定:"为维护国家、集体或他人的合法权益而使自己受到损害,在侵害人无力赔偿或没有侵害人的情况下,如果受害人提出请求的,人民法院可以根据受益人受益的多少及其经济状况,责令受益人给予适当补偿。"2003年《最高人民法院关于审理人身损害赔偿案件若干问题的解释》(已修订)第15条规定:"为维护国家、集体或者他人的合法权益而使自己受到人身损害,因没有侵权人,不能确定侵权人或者侵权人没有赔偿能力,赔偿权利人请求受益人在受益范围内予以适当补偿的,人民法院应予以支持。"虽然上述法律或司法解释已被废止或修订,但仍有参考价值。

二、被救标的处于危险之中

被救标的是否处于危险之中是一个事实问题,因此,国际公约和各国海商法均没有对危险给出一个精确的定义。英国海事法只列举了26种海上危险,例如,遭遇台风、船有倾覆的危险、碰撞后船有沉没的危险、船被海盗掠走、船舶搁浅、火灾等。[①] 危险的范围可以是针对船舶、货物、船员和旅客的各种风险。[②] 根据学者的总结,准确掌握被救物是否处于危险之中,需要考虑以下事实。

第一,危险必须发生在海上或与海相通的可航水域。我国《海商法》第171条规定与《1989年国际救助公约》的措辞稍微不同,《1989年国际救助公约》将其限定在“可航水域或其他任何水域中”,《海商法》则规定为“海上或与海相通的可航水域”,是指与海洋相通又能供船舶航行的江河水域,但封闭的水库除外。根据该规定,发生在内陆湖泊或修造船厂中的危险,不属于我们所说的海上危险,只能适用其他的相关法律规定。

第二,危险必须真实存在或不可避免。所谓客观真实的危险,是指被救物所遭遇或所面临的危险是客观存在而不是主观臆想的。判断危险是否存在,需要考虑以下两个方面的因素:一是从时间上考虑,危险不必实际发生,也不需要迫在眉睫,只要从通常意义上理解具有发生的危险即可;[③]二是是否具有危险不能单纯按照船长的主观判断,而是以一个合理的谨慎的船长在当时情况下的判断为准。

危险不可避免,是指虽然在采取救助措施时危险并不存在,但不采取该措施嗣后船货就会遭受真实的危险。例如船舶失去动力,暂时并无危险,但在几个小时后,泥土和礁石将因退潮露出水面。在这种情况下,虽然在当时不存在真实的危险,但若不及时拖走,则船舶势必搁浅。在这种情况下,如果拖船将其拖到安全地点,就构成了海难救助。

第三,不必考虑危险的起因,不管造成海难的原因是自然原因还是人为过失,不管危险的起因是船舶造成的还是货物造成的,都不影响海难救助的成立。在特殊情况下,一方对被救方负有合同义务或者先行义务,则因其履行义务的过失造成被救方陷于危险境地,其后续救助行为不构成海难救助,不得请求救助报酬。例如,引航员将船引上浅滩,随即采取脱浅措施,该行为不构成海难救助。

第四,危险的内容既包括船货自身的灭失和损坏,也可能包括利润、租金等经济损失。有的学者甚至认为危险造成的后果,可以主要是财务开支风险,或者船舶不能移动的地方无法进行修理的风险等。[④] 我国《海商法》将无形的救助标的限制在“有风险的运费”上,即从某种角度上否定了船货自身灭失、损坏和有风险的运费外的其他损失作

① 司玉琢.海商法[M].北京:法律出版社,2007:284.

② John Reeder. Brice on Maritime Law of Salvage, 4th edition, 2003:55.

③ The Charlotte,(1848) 3 W. Rob.68 at p.71.

④ 威廉·台特雷.国际海商法[M].张永坚,译.北京:法律出版社,2005:275.

为危险的内容。不过,我国《海商法》第180条规定在确定救助报酬时,需要考虑"危险的性质和程度"。可以这么理解:在确定船货和其他救助标的是否有危险而能否构成海难救助上,应该坚持这些标的本身是否处于灭失或损坏的危险之中,而在海难救助成立以后,确定救助报酬时,经济损失可以作为衡量救助报酬多寡的一个因素。例如,某个航次船速较慢,在解约日(cancelling date)前抵达不了装货港。这时,一大功率拖船以更快的速度将其拖抵装货港不构成海难救助。

三、救助行为必须出于自愿

自愿,一方面是指救助方不存在合同或法律的义务而对被救方进行施救时的主观心理状态;另一方面是指被救方在第三方意欲对其进行救助时,可以"明确和合理"地拒绝对方的救助。海难救助制度是从纯救助(自愿救助)发展起来的,①因而,海难事故发生时要不要进行救助,完全取决于救助方的自愿。因此,在海难救助的构成要件中,我们主要是指救助方的救助出于自愿,但被救助也可以合理地拒绝。

(一)合同约束的救助

合同约束的救助,是指在海难发生之前,救助双方之间存在着合同关系,根据该合同内容,相对方有救助对方的义务。主要有以下情形。

1. 遇难船船长、船员救助本船及其货物

由于船长、船员和船舶所有人(雇主)之间签订有雇佣(劳动)合同,船长、船员根据该合同具有尽力抢救本船及其货物的义务,因此其救助行为就不符合自愿原则。我国《海商法》第186条第一款规定,正常履行拖航合同或者其他服务合同义务的,不产生救助报酬。然而,如果海难事故发生后,雇佣合同已经终止,随后船长、船员的救助行为则可构成海难救助。此外,船员救助本船的姊妹船,已经超出了合同所赋予的义务,因此,也可以请求救助报酬。

2. 引航员在职责范围内的救助

引航员由于引领疏忽等原因造成船舶遇险,如搁浅等,引航员的脱浅行为是履行引航的义务,不构成海难救助,只有他的救助行为超出了其职责范围,才有权请求救助报酬。② 例如,在引航的过程中,货舱遭遇火灾,引航员积极参与灭火工作的行为就可获得救助报酬。

---

① 在美国的判例中,经常将纯救助(pure salvage)和自愿救助(voluntary salvage)两者在同一含义上换用。

② 司玉琢.海商法.[M].北京:法律出版社,2007:287.

3. 遇难船舶的旅客对本船的救助

一般认为,在遭遇海难时,旅客和本船构成同舟共济的利益共同体,旅客救助本船的同时也是自救,因此该行为不构成海难救助。但是值得注意的是,旅客根据旅客运输合同所负有的救助义务应该很轻,只是在其力所能及范围内的辅助性义务。如果旅客的救助行为已经超出一般旅客的义务提供了特殊的专业技能,或已经脱离险境,却回到船上或以其他方式进行救助,则可请求救助报酬。

(二)法律约束的救助

法律约束的救助,是指救助方依法承担的某种必须履行的责任的救助行为。其既包括对人的救助,也包括对物的救助。在本章中,仅指对物的救助。

1. 国家有关主管机关或公共当局参与或控制的救助

在我国,海事局、海上搜救中心、救助局、打捞局、港口消防队等就是这样的职能部门。《1910 年救助公约》第 13 条规定,该公约不影响国内法或国际条约中有关由公共当局提供或控制的援助或救助服务的组织,尤其不影响有关渔具救助的此种法律或条约。《1989 年国际救助公约》第 5 条规定:"本公约不影响国内法或国际公约有关由公共当局从事或控制的救助作业的任何规定。然而,从事此种救助作业的救助人,有权享有本公约所规定的有关救助作业的权利和补偿。负责进行救助作业的公共当局所能享有的本公约规定的权利和补偿的范围,应根据该当局所在国的法律确定。"

从各国目前的立法例来看,各国态度不一。大致有以下几种做法:一是完全肯定公共当局享有此种权利和补偿,例如德国、墨西哥、荷兰、波兰、挪威和澳大利亚;二是否认公共当局具有此种权利和补偿,例如法国;三是将公共当局的救助分为职责范围内和职责范围外的救助,在职责范围外的救助行为方有权享受救助权利和获得补偿,例如英国和俄罗斯。① 我国《海商法》第 192 条规定:"国家主管机关从事或控制的救助作业,救助方有权享受本章规定的关于救助作业的权利和补偿。"从该条分析,我国似乎采取的是完全肯定公共当局享有此种权利和补偿的做法,但我国司法实践倾向于英国和俄罗斯的做法。

笔者认为,如果国家主管机关在其法律所规定的职责范围内进行救助,则被救方不需要支付任何救助报酬,也不需要支付相应的经济补偿,例如从海盗手中营救船舶和船员。如果国家主管机关的救助行为已经超出了其职责范围,则其有权获得相应的经济补偿,但不宜获得救助报酬。

---

① 《俄罗斯商船航运法》第 353 条规定:"负责救助活动的公共当局可以享受本章所规定的关于救助作业的权利和补偿,条件是该公共当局履行的不是它通常范围内的职责。"

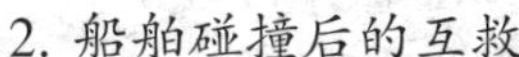

2. 船舶碰撞后的互救

国际公约和各国国内法一般均规定，船舶发生碰撞后，当事船舶的船长在不严重危及本船和船上人员安全的情况下，对于相碰的船舶和船上人员必须尽力施救。《海商法》第166条规定："船舶发生碰撞，当事船舶的船长在不严重危及本船和船上人员安全的情况下，对于相碰的船舶和船上人员必须尽力施救。"船舶碰撞的原因多种多样，如双方均有过失的碰撞、单方过失的碰撞、原因不明的碰撞、不可抗力的碰撞和故意造成的碰撞。在不同碰撞类型中，应当区分不同的情形对此进行认定。英美法院一般的做法为，如果是双方均有过失造成的碰撞，救助船方无权要求救助报酬；如果是仅有一方过失造成的碰撞，无过失一方可以向对方请求救助报酬。这种做法是可取的，需要补充的是，在原因不明造成的碰撞、不可抗力造成的碰撞、造成碰撞的原因和双方均无关系或不可查清，对救助方是否可以获得救助报酬存在争议，但无论如何，由被救助方进行补偿是公平的。如果故意碰撞他船的一方自己被对方救助，除了承担民事损害赔偿责任，还要对对方支付相应的救助报酬。此外，需要注意的是，在姊妹船的救助中，救助方都可以获得相应的救助报酬。因此，假如碰撞一方的姊妹船向另一方施救，则其也可以获得相应的救助报酬。

四、关于救助效果

海上财产救助是否需要救助效果，需视其定义而言。如果仅仅将海上财产救助视为一种法律行为构成的法律关系而言，救助效果只是救助方获得救助报酬的一个前提条件而已。救助效果是获得救助报酬的法律要件之一，它构成传统海难救助法律制度的基础，但是并不影响诸如救助无效果但获得特别补偿或约定不论救助成功与否均可获得固定报酬的海难救助性质。总而言之，海难救助法律行为和海难救助法律制度这两者并非同一层次的概念。

对于人命救助，除非在救助财产的同时救助了人命，救助方均不可为此索取救助报酬；对于财产救助，如果没有获救价值，海难救助法律关系仍然存在，只不过救助未成功不能获得救助报酬；对于环境救助，虽然财产救助无效果但防止或减轻了环境损害。在这些救助效果之中，既包括直接的救助效果，例如，将遇难船舶拖离浅滩；也包括间接的救助效果，例如，救助方在对船舶脱浅虽未成功但有所松动，另一救助方接续实施了脱浅行为并成功，前一救助方具有间接的救助效果。救助效果既可以包括有形的效果，如船舶和货物获救，也可以包括无形的效果。无形的效果是指虽然没有直接救助成功船舶、货物等物品，但是给被救助方提供了精神上的援助（如守护）或提供了通信联络，从而对救助的成功产生了客观的联系。

随着海上救助实践的发展，传统"无效果，无报酬"原则已经在环境救助上率先松动,各国普遍采用了“特别补偿”制度。笔者认为,海难救助应该从法律行为和法律制度两个层面上予以区分:救助成功不再是海难救助法律行为成立的必要构成要件,但是海难救助法律制度是建立在救助成功基础上的,因此救助效果对于海难救助法律制度来说仍然具有基石的作用。《1989年国际救助公约》和《海商法》中规定的合同自由(雇佣救助和特别补偿)是对传统海难救助法律制度的例外补充,在法律适用和法律后果上应和“无效果,无报酬”的海难救助予以区分,而不能将两者混淆。

第二节 ◇ 救助合同

一、救助合同的订立

救助合同的订立,需要当事人有相应的民事行为能力、意思表示一致和合同内容合法。在救助合同的订立过程中,由于情况比较危急,双方通常难以考虑到所有的细节。因此,双方往往采用国际或者地区通行的合同格式进行订立,以便节省时间。救助报酬的具体计算,也往往留待仲裁庭或者法院进行裁决。在救助合同的订立中由于其特殊性需要注意以下几个方面。

(一)救助合同的当事人

救助方在救助成功后要求对方支付救助报酬,第一个问题就要证明救助合同已经成立。船舶所有人和货物所有人一般并不会亲自在船上,指挥船舶是由船长进行的。船长一般有签发提单的代理权,但在签订救助合同的船长代理权问题上,英美法历史上长期以“紧急处分的代理人”理论予以解决。根据该理论,船长的该项代理职能必须符合三个条件才能生效:第一,当时所处的情况显示这一代理权的行使是必须的;第二,代理人无适当的方式获得本人的指示;第三,船长的代理行为必须是善意和合理的,并考虑到所有相关方的利益。然而,实践中船长签订的救助合同,船舶所有人或货物所有人往往事后予以否认。由于在海难现场进行指挥船舶的是船长,船长在判断海上危险的实际情况上更为合理和准确。理论上,即使船长违反了船舶所有人的指示签订了救助合同,但是事后表明该违反是适当的,则该救助合同也应有效。为解决上述争议,《1989年国际救助公约》以立法的形式第一次明确了船长的签订救助合同的代理权。该公约第6条第2项规定:“船长有权代表船舶所有人签订救助合同;船长或船舶所有人有权代表船上财产所有人签订此种合同。”我国《海商法》第175条第二款也做了同样的规定。在这里,值得注意的是公约用的是“代表”(on behalf of)两字,它是一种法律规定的代理权,一旦船长和救助方签订救助合同,该合同就在救助方和被救方之间产生救助合同的法律效力。

船长代理船舶所有人签订救助合同在现实之中基本没有争议,但是,如果船舶所有人不自己经营船舶,而是将船出租给他人运营,此时,遇难船舶船长签订的救助合同到底约束谁需要进一步研究。根据《1989年国际救助公约》和我国《海商法》的规定,似乎可以得出这样的结论:在光船租赁的情况下,船长、船员虽然是光船承租人雇佣的,但是这时候船长签订的救助合同仍然要约束船舶所有人;在船舶所有人将船舶交给专门的船舶经营公司进行运营,船长和船员均由船舶经营人进行配备的情况下,船长签订的救助合同也要约束船舶所有人。

(二)救助合同的形式

法律对合同的形式要件有放宽的趋势,不过在发生争议后,主张合同成立的一方有义务证明合同成立的事实。对于一般的商业救助来说,合同的形式不会成为争议的焦点。但是对于纯救助和公共当局参与和控制的救助来说,均是没有订立救助合同而进行的救助,不过前者是出于救助方的自愿,后者是公共当局的行政命令、代履行或行政强制措施,救助方和被救助方之间并没有形成救助的合意,也就不存在救助合同。

问题的核心在于在救助双方没有合意的情况下应如何给予救助方报酬或者补偿。一般的合同,是当事人自由地安排其民商事法律关系的一种意思表示,法律不应给予过多的干预,但海难救助行为具有浓厚的社会公益性,因此法律给予其额外的干预具有一定的合理性。这种干预的目的一方面是给予救助方一定的救助报酬或补偿;另一方面是提倡这种助人为乐的道德风尚,提高整个社会的道德水平。在没有救助合同而形成的救助法律关系中,以准契约理论来解释此类行为具有一定的合理性。

二、救助合同的撤销和变更

救助合同签订时情况紧急,被救方往往处于不利的谈判地位,经常被迫接受救助方的某些条件,违背了当事人的真实意思表示。据此,《1989年国际救助公约》第7条特别规定,"如有以下情况,可以废止或修改合同或其任何条款:(a)在胁迫或危险情况影响下签订的合同,且其条款不公平;或(b)合同项下的支付款项同实际提供的服务不大相称,过高或过低。"我国《海商法》第176条规定:"有下列情形之一,经一方当事人起诉或者双方当事人协议仲裁的,受理争议的法院或仲裁机构可以判决或者裁决变更救助合同:(一)合同在不正当的或者在危险情况的影响下订立,合同条款显失公平的;(二)根据合同支付的救助款项明显过高或过低于实际提供的救助服务的。"我国《民法典》第147~151条分别规定了重大误解、欺诈、受第三人欺诈、胁迫和显失公平下的民事法律行为的撤销权,但没有变更权。而《海商法》只规定了当事人的变更合同权而没有撤销权,且其规定的内容和《民法典》规定的情形不一致。由于《海商法》是《民法典》的特别法,根据特别法优于普通法的原则,《海商法》应优先适用。但是,《海商法》当事人能否依据《民法典》的规定撤销救助合同,根据体系解释,理论上《海商法》没有规定应该适用其上位法《民法典》的规定。① 这对《海商法》第 176 条第(一)项没有问题,可以适用《民法典》第 151 条撤销合同,但对第(二)项"救助款项明显过高或过低"找不到《民法典》对应的法律规范,因此,需要在修订《海商法》时增添法院或仲裁庭的救助合同撤销权。

第三节 ◆ 救助报酬

一、救助报酬请求权的当事人

(一)债权人

救助方是海难救助的债权人。由于救助方往往不止一个,所以会在救助方之间产生救助报酬的分配问题。如涉及姊妹船救助,就会涉及救助报酬在不同船舶保险人和货物保险人之间的分摊。有争议的是救助船上的货物所有人和遇难船上的货物所有人对遇难船货进行了救助,这两种人是否可以列为救助人并请求救助报酬,法律并不明确。我国《海商法》未将此两种人作为救助报酬的请求人。如果在救助作业中,救助船上的货物遭受损失,承运人可以依据我国《海商法》免责,但救助船上的货物所有人不能从救助报酬中获得补偿。货物所有人可以考虑在运输合同中订立相应的海难救助补偿条款来保护自己的利益。遇难船上的货物所有人,若进行超出其义务范围的救助作业应获得相应的救助报酬。

(二)债务人

海难救助中支付救助报酬的人为债务人,主要包括船舶所有人、货物所有人、运费所有人及其他海上财产获救的所有人。在特殊的情况下,获救财产为无主物,救助人此时可主张以获救财产抵充救助报酬。② 一般来说,关于海难救助的债务不享有责任限制,这是大多数国际公约和各国海商法的一个基本立场,我国《海商法》第 208 条就明确排除了对救助款项的责任限制请求。但是少数国家和地区规定船舶所有人对救助报酬负有限责任。实际上,救助债务人不享有责任限制的立法目的一方面是为了鼓励救助人进行救助;另一方面根据普遍实行的"无效果,无报酬"原则,救助报酬本身不能超过获救财产的价值。

---

① 据学者介绍,之所以没有规定救助合同的撤销权,主要是不想赋予仲裁机构过大的权力。

② 威廉·台特雷. 国际海商法[M].张永坚,译.北京:法律出版社,2005:280.

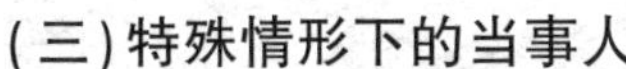

(三)特殊情形下的当事人

1. 姊妹船之间的救助

《1989 年国际救助公约》第 12 条第三款规定,姊妹船之间的救助,救助船舶一方有权获得相应的救助报酬。我国《海商法》第 191 条也如此规定。主要是基于以下几点考虑。

第一,虽然船舶是同一所有人所有,但救助船舶的同时也会保存船载货物及其他财产。救助方对于另一船舶上这部分财产的救助并无法律上和合同上的义务,对这部分货物及其他船上财产的救助应该获得报酬。

第二,同一所有人不同船舶上面雇佣的船长、船员各不相同,他们互相之间并不负有救助对方财产的义务。海难救助是一项非常危险的行为,如果救助船的船长、船员付出了额外的努力和技能不能获得比工资或加班费高得多的救助报酬,远远不能体现救助船船长、船员付出的价值,也是不公平和不合理的。有的国家法律直接规定了船长、船员在救助报酬中的份额,这种情况下不给予船长、船员救助报酬于法不合。

第三,同一所有人不同的船舶的保险人可能不一样,按照保险合同的规定,保险人应该对救助报酬承担赔付责任。例如根据中国人民财产保险公司平安险的规定,对于发生了保险责任范围内的危险,被保险人对货物采取抢救、防止或减少损失的各种措施,因而产生合理费用。英国协会船舶定期保险条款中规定,如果出现姊妹船救助的情况,可将其视为第三人救助,但是此时有关救助报酬数额的确定,应提交双方同意的独任仲裁员进行仲裁。

2. 救助船上的货物所有人

有学者认为,由于救助船上的货主在海难救助中也承担了风险,且承运人根据《海牙规则》对因救助所造成的货损可以免责对货主更是不公平,因此,救助船舶上的货物所有人也应该成为海难救助合同的当事人。承认救助船上的货主成为救助合同当事人存在着以下几个问题:一是需要法律特别赋予救助船船长代理或代表货主的签订救助合同的权力;二是如果救助方在救助中存在过失,货主是否要承担责任以及承担何种责任;三是法律中规定的确定救助报酬的因素对货主无法适用,以何种标准确定货主的救助报酬成了一个难题。

有学者认为,如果救助活动造成了货主的货损或迟延,该货损应该从救助方的救助报酬中获得补偿;如果没有造成货物的损害或迟延,则货主不应从救助报酬中获得补偿;如果救助没有成功且未获得救助报酬却造成货主的货损或迟延,货主则不能要求救助方补偿。因此,在因救助造成货损时,赋予救助船上的货主一定的补偿是必要和适当的,但不需要将其纳入救助合同的当事人,而是可以根据民法上的公平原则,要求获得救助报酬的救助方对货方的损失予以补偿。[①]

3. 遇难船上的货物所有人

遇难船上的货物所有人对遇难船舶和货物进行了救助,是否可以成为救助合同的当事人并从获救财产中获得报酬?在 The Sava Star 一案中,英国法院判决认可了货主的救助报酬请求,从而确认了遇难船上的货物所有人也可以成为救助合同的当事人。法院判决理由主要有二:一是,本案可以类推适用姊妹船救助的原理,同一所有人对自己也可以请求救助报酬;二是,遇难船上的货物所有人在救助货物的同时也救助了船舶,其对于船舶的救助是一种额外的服务,符合海难救助的自愿原则。

法院的实质理由是货主在救助中已经超出了对自己的财产进行施救的义务,即使其对货物的救助不构成海难救助,其对船舶的救助已经符合海难救助的构成要件。因此,虽然在现实中该类案例极少,但让遇难船上的货物所有人在超出其自救义务时成为救助方并享有向遇难船舶请求救助报酬的权利符合海难救助法律制度设立的目的。

二、确定救助报酬的原则

根据《1989 年国际救助公约》和《海商法》的规定,救助报酬的数额可根据救助合同确定,也可以由法院或仲裁庭确定。确定救助报酬的数额时,往往遵循以下几个原则。

(一)救助报酬不得超过获救财产的价值

我国《海商法》第 180 条规定,救助报酬不得超过船舶和其他财产的获救价值。第 181 条规定,船舶和其他财产的获救价值,是指船舶和其他财产获救后的估计价值或者实际出卖的收入,扣除有关税款和海关、检疫、检验费用以及进行卸载、保管、估价、出卖而产生的费用后的价值。船员获救的私人物品和旅客获救的自带行李的价值被排除在外的原因是这些财产本身价值很小,不构成救助的主要标的;有的行李物品对当事人具有特殊的纪念意义等性质,难以确定其价值,造成对获救财产进行分摊的麻烦。估计价值是指获救船舶和财产最初到达地的公估价格,实际出卖的收入是指当地市场的拍卖、变卖或折价价格。将以上估价或收入扣除政府税款以及相关的处置费用,即为获救价值。过去,由于船价不高,往往救助报酬能达到船价的 1/2,有半数法则(Moiety Rule)之称。随着船舶大型化,现在救助报酬占船价的比例越来越小。

(二)鼓励海难救助的原则

海难救助报酬和一般的合同报酬相比较,具有射幸性、丰厚性和优先受偿性的特

---

① 1994 年《瑞典海商法》第 16 章“海难救助”第 6 条规定的“救助报酬首先应对船舶、货物及船上其他财产因救助活动所产生的损害进行补偿”的规定正是这种公平原则的体现。

征。法律赋予其比一般合同报酬高得多的金额,最主要的目的是鼓励海难救助。一方面,海难救助具有很大的风险,其报酬应当体现这种风险;另一方面,海难救助是值得提倡且受到法律肯定评价的一种行为。我国《海商法》第180条第一款明确规定,"确定救助报酬,应当体现对救助作业的鼓励"。因此,如果救助合同中约定救助报酬,一般来说,除非符合法定的可变更和撤销事由,法院或仲裁庭不会主动对其进行减少。为了减少救助方的风险,《1976年海事赔偿责任限制公约》还特别规定,救助方不管是否在船上救助均可享受责任限制。当救助方不在救助船上进行救助时,其责任限制按1 500船舶总吨计算。我国《海商法》第210条第二款第(五)项也如此规定:"不以船舶进行救助作业或者在被救船舶上进行救助作业的救助人,其责任限额按照总吨位为1 500吨的船舶计算。"

随着国际社会对环境保护的越来越重视,对环境救助的鼓励也得到很大的发展。《1989年国际救助公约》前言即开宗明义地写道:"本公约缔约国,认识到有必要通过协议制订关于救助作业的统一的国际规则,注意到一些重大发展,尤其是人们对保护环境的日益关心,证明有必要审查1910年9月23日在布鲁塞尔制定的《关于统一海上救助某些法律规定的公约》所确定的国际规则,认识到及时有效的救助作业,对处于危险中的船舶和其他财产的安全以及对环境保护能起重大的作用,相信有必要确保对处于危险中的船舶和其他财产进行救助作业的人员能得到足够的鼓励,兹协议如下。"鼓励海难救助不仅仅包括对于海上财产的救助,还包括鼓励对于海洋环境的救助。环境是人类赖以生存不可或缺和复制的载体,环境的不可逆性决定了环境救助甚至比财产救助更具有重要和优先的地位,特别补偿的出现正是这种思想的体现。

(三)兼顾对被救助方公平的原则

法律一方面需要鼓励救助方的救助行为,另一方面需要平衡被救助方的利益。"无效果,无报酬"原则某种程度上即是这种思想的体现。"无效果,无报酬"原则是指除了法律另有规定或合同另有约定外,救助报酬的取得仅以救助成功为前提条件。救助未取得效果,即使花费了极大的人力、物力,也无权得到救助报酬和其他救助款项。判定是否具有救助效果,第一,从时间上说,只要救助终结时有获救财产即为有效果。即使在救助的过程中有失败和反复,例如第一次使被救船舶脱浅没有成功,调整救助方案后脱浅获得成功,则第一次的脱浅可以作为危险的程度和救助方的努力被列入确定救助报酬的因素。第二,从数量上说,并不要求救助方对遇险财产的救助全部成功,只要有部分财产获救,即为有效果,只不过获得的救助报酬相对较少而已。第三,从形式上说,救助效果可以是有形的,也可以是无形的,例如守护在遇险船舶旁给予船员精神上的支持,救助方虽然提供了有效的服务,但是没有取得有形的效果,因此减少了被救助方所处的危险程度,也具有救助效果,可以获得相应的救助报酬。

除此之外,海难救助中还有一系列制度保障对被救助方的公平。例如,由于救助方的过失致使救助作业成为必需或者更加困难的,或者救助方有欺诈或者其他不诚实行为的,应当取消或者减少向救助方支付的救助款项;由于救助方的过失未能防止或者减少环境污染损害的,可以全部或者部分地剥夺救助方获得特别补偿的权利;不顾遇险的船舶的船长、船舶所有人或者其他财产所有人明确的和合理的拒绝,仍然进行救助的,无权获得救助报酬。在特殊情形下,合同在不正当的或者在危险情况的影响下订立,合同条款显失公平的,根据合同支付的救助款项明显过高或者过低于实际提供的救助服务的,受理争议的法院或仲裁机构可以依据《海商法》第176条的规定判决或者裁决变更救助合同,或依据《民法典》第147~151条的规定撤销救助合同。

三、确定救助报酬的因素

1869年,美国最高法院克利福德(Clifford)法官在布莱克沃尔(The Blackwall)案中确立了计算救助报酬的若干要素的先例。在该案中,法官认为确定救助报酬需要考虑以下几项要素:(1)救助方提供救助服务所花费的劳动;(2)救助方在提供救助服务和挽救财产方面表现出的及时性、技能和努力;(3)救助方在提供救助服务时使用设备的价值以及面临的危险程度;(4)救助方为保护财产免受即将发生的危险而承担的风险;(5)获救财产的价值;(6)财产所处的危险程度。①《1989年国际救助公约》在英美判例法的基础上又增加了几项,我国《海商法》借鉴了救助公约的规定,在第180条规定了确定救助报酬,应当体现对救助作业的鼓励,并综合考虑下列各项因素:(1)船舶和其他财产获救的价值;(2)救助方在防止或者减少环境污染损害方面的技能和努力;(3)救助方的救助成效;(4)危险的性质和程度;(5)救助方在救助船舶、其他财产和人命方面的技能和努力;(6)救助方所用的时间、支出的费用和遭受的损失;(7)救助方或者救助设备所冒的责任风险和其他风险;(8)救助方提供救助服务的及时性;(9)用于救助作业的船舶和其他设备的可用性和使用情况;(10)救助设备的备用状况、效能和设备的价值。② 值得注意的是,以上10项因素中,其排列不分次序。某一项救助有可能涉及其中的一项或数项,要对其进行综合考虑。

---

① The Blackwall (1869) 77 US 1,10 Wall 1, 19 L ed 870; Margate Shipping Co., v. M.V. ("J.A. Oregon") 143 F. 3rd 976 (1998).

② 《1989年国际救助公约》第13条规定:确定报酬应从鼓励救助作业出发,并考虑下列因素,但与其排列顺序无关:(a)获救的船舶和其他财产的价值;(b)救助人在防止或减轻对环境损害方面的技能和努力;(c)救助人获得成功的程度;(d)危险的性质和程度;(e)救助人在救助船舶、其他财产及人命方面的技能和努力;(f)救助人所花的时间、费用及遭受的损失;(g)救助人或其设备的责任风险及其他风险;(h)提供服务的及时性;(i)用于救助作业的船舶及其他设备的可用性及使用情况;(j)救助设备的备用状况、效能和设备的价值。

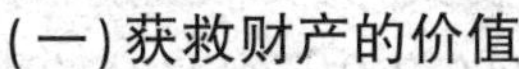

(一)获救财产的价值

获救财产一般包括船舶、货物及有风险的运费,它们可以通过估价比较精确地确定。由于“无效果,无报酬”原则的普遍应用,确定获救财产的价值对于确定救助报酬至关重要。一方面,救助报酬不得超过获救财产,获救财产的多少也是确定救助报酬的一个重要考虑因素;另一方面,获救方需要根据其获救财产的价值按比例分摊救助报酬的义务。“对获救财产进行估价时应考虑的项目主要包括船舶、运费和货物。当财产部分损坏时,其价值以救助作业完毕时为准。货物的价值通常是指货物在卸货港的出售所得。而对于船舶的价值,习惯上首先计算出该船舶的完全价值,即发生碰撞或其他致损原因之前的价值,然后从中减去必要的修理费用。但是,非救助危险直接造成的损坏修理费用和为使船舶状况比救助发生前更完好而支出的修缮费用,都不得计为上述必要的修理费用。运费外的其他无形财产偶尔也会因救助服务而获益,因此,也应承担部分救助费用。在此情况下,这些财产的价值也应计算在内。”①

如果船舶被完好地救助,则其获救价值为救助终止地的市场价值;如果船舶被部分救助,则其获救价值为救助终止地的完好价值减去合理的修理费用。值得注意的是,在计算船舶和货物的获救价值时,不考虑船舶和货物之外的其他诸如有一个利润丰厚的租约或者利润很高的买卖合同等因素的影响。有风险的运费获救价值比较特殊。因为有风险的运费只有在货物运抵目的地才能获取运费,但在海难救助中往往航程在半途就中断了,所以,实践中往往按照完成航程的比例(a pro rata basis for the voyage)来计算运费的获救价值。这种计算方式的合理性存有争议。

(二)救助方在防止或者减少环境污染损害方面的技能和努力

在《1910 年国际救助公约》中,尚未将其作为衡量救助报酬的因素。在出现诸如1967 年的“托利·堪庸”号(Torrey Canyon)案和 1978 年的“阿莫柯·卡迪兹”号(Amoco Cadiz)案重大环境污染事件以后,1979 年国际海事组织便委托国际海事委员会(CMI)全面检讨《1910 年救助公约》以来的海难救助法,并于 1981 年形成《蒙特利尔妥协案》(Montreal Compromise)。该妥协案是船方及其船东保赔协会、货方及其货物保险人和救助方三者不同利益的妥协。劳埃德保险市场于 1980 年 5 月 21 日出版了 LOF 1980,将特别补偿以协议方式先行解决。1981 年《蒙特利尔妥协案》中特别补偿部分基本上是仿照 LOF 1980 安全网的原则精神,同时扩大了适用范围:第一,使其不仅适用于油轮污染,还适用于其他海洋环境污染;第二,特别补充额超过 LOF 1980 的救助人所支出费用(out-of-pocket)15%的限额。1981 年《蒙特利尔妥协案》与《1989 年国际救助公约》的特别补偿唯一差异在于《1989 年国际救助公约》第 3 条和第 4 条有“钻井石油平台或设

① G.吉尔摩,C.L.布莱克.海商法[M].杨召南,等,译.北京:中国大百科全书出版社,2000:746.

备”的除外限制和适用国有船舶的保留规定,而《蒙特利尔妥协案》无类似规定。《1989年国际救助公约》通过后,LOF 1990以并入条款的方式将《1989年国际救助公约》条款规定直接适用于该救助合同。此后,救助方在防止或减少环境污染损害方面的努力作为衡量救助报酬的因素之一,突破了传统的“无效果,无报酬”原则,但该规定在实务之中存在着不确定性。例如,1991年6月装有25万吨原油的“ABT夏日”号(ABT SUMMER)油轮在距安哥拉约900海里南太平洋处爆炸,该船于海上燃烧。救助方与船舶所有人签订了LOF 1990,但拖轮自西非港出发5天后抵达事故地点,发现油轮已沉没。救助人遂根据《1989年国际救助公约》第14条第1项规定请求给予特别补偿。救助人的请求因该海难事件对于“沿岸或内陆水域,或其邻近地区”并无损害为由被拒绝。由此可见,环境损害作为一种潜在的不确定性的法律事实,救助方很难予以证明。从另外一个角度说,特别补偿的有无,完全取决于法官或仲裁员对环境损害的判断,具有不确定性。英国法院在“长崎精神”号(Nagasaki Spirit)案①针对特别补偿的起止时间和“公平费率”(Fair Rate)的法律解释确立了如下判例法原则:第一,“公平费率”不包括利润因素在内,市场租船价格与此无关,仅视实际发生的救助费用而定,而且该费率应考虑救助设备等管理费和闲置期间因素在内;第二,特别补偿可请求的救助期间,应指整个作业期间,不论对环境损害的威胁在完成救助作业之前是否存在。但是,防止和减少了环境损害在整个救助报酬中占有的比重或特别补充的金额仍然无法精确计算。

(三)救助方的救助成效以及危险的性质和程度

对财产救助来说,救助方的救助成效和其报酬应该成正比,但是,在救助财产的同时,救助了人命和环境,也是确定救助报酬时需要考虑的因素。危险的性质和程度越高,救助方所能获得的救助报酬越高。一方面,这是鼓励救助的体现;另一方面,越危险的救助就需要越好的专业救助技能和勇气,财产获救的概率就越大,给予救助方更高的救助报酬也就顺理成章。于此,危险不仅是指船舶和货物等财产本身所遭受的危险,还包括因危险可能导致的直接经济损失等因素,也应考虑在内。此外,救助人及救助设备所面临的危险也应予以考虑。② 危险的性质、程度和救助方、救助方设备所冒的责任风险、其他风险是密切相关的。

(四)救助方在救助船舶、其他财产和人命方面的技能和努力

有时候,海难救助中救助方的主观因素会起到决定性的作用。例如,救助方案设计是否合理、救助是否及时、救助船员是否适格、救助纪律是否严明、救助是否尽力等均可

---

① “长崎精神”号(Nagasaki Spirit)案是英国适用《1989年国际救助公约》特别补偿的第一个案例。“长崎精神”号案从仲裁、上诉仲裁、一审、上诉审,在历经整整五年二裁三审缠讼后,英国上诉院于1997年2月6日做出终审判决。

② 威廉·台特雷.国际海商法[M].张永坚,等,译.北京:法律出版社,2005:281.

作为确定救助报酬的因素。如果在救助财产的同时又救助了人命,则应该提高救助报酬;如果救助方有多方,救助人命方可以从救助报酬中获得合理的份额。根据我国法律,单独的人命救助不获得救助报酬,故以上两种情况均不需要确定人命救助的具体金额,法官或仲裁员可以根据救助报酬总额从中划给人命救助方合理的金额。在“南宝石轮”一案中,广州海事法院认为:救捞局经合理救助作业,最终将船、货拖至安全地点,有权获得救助报酬。由于确定救助报酬时已考虑救助方在救助人命方面的技能和努力,因此,救捞局在计算船舶和其他财产的救助报酬之外,另行主张计收人命救助报酬,法院不予支持。

(五)救助作业所投入的成本

救助作业的救助成本主要包括:救助方所用的时间、支出的费用和遭受的损失;用于救助作业的船舶和其他设备的可用性和使用情况;救助设备的备用状况、效能和设备的价值。以上这些因素都表明了救助方在救助作业中所付出的代价。随着救助的专业化程度越来越高,救助作业所需设备越来越昂贵,救助队伍的培训和维持支出也相当大。为了适应海上救助的需要,就必须进行专业化人才、装备和技术的建设,需要耗费大量的成本和开支。在海上救助过程中,救助装备的专业化程度直接决定着救助行动的效率、效果和救助作业的安全性。

在实践中,法院或仲裁庭往往采用两种方式来确定救助报酬:一是按照救助方救助所支出的成本加上一定的报酬金额;二是按照获救财产的价值的一定比例来确定救助报酬。我国《海商法》第九章第 179 条明确规定,“救助方对遇险的船舶和其他财产的救助,取得效果的,有权获得救助报酬”;第 180 也提出“确定救助报酬,应当体现对救助作业的鼓励”。因此,在确定具体的救助报酬时,不能单从个体救助所耗费的成本出发作为计算的基础和依据,而是更多地要考虑到救助的效果,维持救助队伍和设备的成本,从鼓励救助的基础出发来确定救助报酬的多寡,这也是英、美法院或仲裁庭在实践中常见的做法。

此外,《1989 年国际救助公约》第 18 条规定了救助人不当行为的后果,《海商法》第 187 条规定:“由于救助方的过失致使救助作业成为必需或者更加困难的,或者救助方有欺诈或者其他不诚实行为的,应当取消或减少向救助方支付的救助款项。”在这里,我国《海商法》规定的“救助方欺诈或其他不诚实行为”和“救助作业变得更加困难或必需”之间没有因果关系的要求,应做目的性限缩解释,和《1989 年国际救助公约》第 18 条的规定一致起来。我国《海商法》和《1989 年国际救助公约》均规定由于救助人疏忽而未能防止或减轻环境损害,可全部或部分地剥夺其根据规定应得的特别补偿。

上述规定其实将救助报酬的取消或减少的行为类型化为两种:一是救助方的过失导致救助成为必需或更加困难;二是救助方有欺诈或其他不诚实行为导致救助成为必需或更加困难。对于前者来说,救助方的过失可以分为重大过失和一般过失。由于在救助作业中,情况瞬息万变,救助方很难完全不出一点差错,因此,救助方取消救助报酬的要件是救助方有重大过失,而一般过失只能减少救助报酬而不能取消救助报酬。当然,即使有重大过失,也并不意味着一定要取消救助报酬,法院或仲裁庭可以根据当时的情形对救助方的救助报酬予以减少而不是随意取消救助报酬,这也是鼓励救助原则的体现。对于救助方的过失判断来说,应该以在同等情形下合理的第三人标准来进行判断,而不能仅仅在事后去反推救助当时有无过失。值得注意的是,救助方的船长和船员的过失根据替代责任原则(Vicarious Liability)也应归于救助方本身。如果救助方的欺诈或其他不诚实行为没有对救助合同本身的订立造成影响,也没有使救助成为必需和更加困难,而是在履行合同的过程中发生的,例如虚报支出、夸大险情,只影响救助报酬计算过程中法官或仲裁员对事实的认定与否,则不影响救助报酬的确定。如果该欺诈导致被救助方和其签订了不公平的合同或导致了救助成为必需或更加困难,例如派遣原本不必要的救助船舶、延长不必要的救助时间,甚至夸大险情,导致救助方和第三方再签订救助合同,则应取消或减少救助方的救助报酬。

第四章 环境救助

第一节 环境救助的起源和发展

自20世纪60年代以来,国际社会对于海洋环境保护日益关注。1967年的"托里·堪庸"号(Torrey Canyon)油轮失事,大约10万吨原油在英法之间的英吉利海峡泄漏,造成巨大的环境损害。该事件唤醒了人们的环保意识,在短时间内,国际社会就在国际海事组织(IMO)的主导下通过了《1969年国际油污损害民事责任公约》《1969年国际干预公海油污事故公约》《1971年设立国际油污损害赔偿责任基金公约》。随后,1978年"阿莫柯·卡迪兹"号(Amoco Cadiz)漏油事故约23万吨原油泄漏到布列塔尼海岸,造成了超过13亿美元的油污损失。国际海事组织在其法律委员会第三十五届会议上详尽讨论了这一案件,并请其秘书处审查这场灾难引发的各种法律问题,并提议修改《1910年救助公约》。① 1979年,两艘满载47万吨原油的"大西洋女皇"号(Atlantic Empress)和"爱琴海船长"号(Aegean Captain)在多巴哥岛附近的加勒比海水域相撞,造成迄今为止最为严重的油轮漏油事故,约28万吨的原油流入海里。

海上油污事故的频发和产生的灾难性后果,让人不由得反思传统的"无效果,无报酬"原则在环境救助上的缺陷。对于救助方来说,虽然在花费了大量的人力和物力之后,最后因船舶和货物未能获救而不能取得救助报酬,但花费数百万美元的救助费用可避免数亿元的油污损失,这不也是一种巨大的成功吗?在这种背景下,1980年LOF合同中的"安全网"(safety net)就应运而生了。

一、责任救助

责任救助理论早就存在于英美法中,但是一直被视为是财产救助的一种特殊形式,

① IMCO, Coastal State Protection against Major Maritime Disaster, IMCO Doc. LEG. XXXⅦ/2, 22 September 1978.

并不被人重视。[①] 在英国法中,有一些零散的判例承认特定领域内责任救助的效力,较多的是救助方的行为避免他船的碰撞责任风险;[②]也有判例承认救助方将堵塞港口航道的船舶拖走,避免了可能产生的残骸清除责任风险;[③]不过,也有一些判例认为,被救助财产产生的责任风险是被救助财产物理危险的后果,倾向于将减少或避免对第三方的潜在责任作为增加救助报酬的一个重要因素,而不是将其视为单独的危险。[④] 在1934年的The Whippingham案中,英国法院在判决中似乎有承认责任救助的较为明确的暗示。[⑤] 根据美国法,是否承认责任救助的实践也是模糊的。1906年,美国最高法院曾认定,当救助方救助了一批已缴纳联邦关税的食糖时,美国政府应承担救助责任——如果食糖丢失了,政府将不得不退还关税。[⑥] 在Allseas Maritime v. M/V Mimosa案中,美国第五巡回法院表示:"传统的救助法不会奖励救助方免除船东对其他船舶、石油钻井平台或其他财产的损害赔偿责任。尽管如此,给予救助方就所避免的赔偿责任获得救助报酬的立场还是有相当大的好处,因为无论救助方是保护船东的船舶还是其他财产,其经济利益都是同等宝贵的。"[⑦]由此可见,责任救助在发展的过程中,并未形成统一的理论,法院在判决中往往也是摇摆不定,判决理由也语焉不详。

如果将环境救助视为责任救助的一种,则救助方防止或减轻了海洋环境污染即为替污染方减少了油污的损害赔偿责任,因此将救助标的从有形的财产扩张到无形的责任具有一定的合理性。此时,责任可以看作是油污方的一种反射利益,救助方的救助则是对污染方利益的保护。但是责任救助的缺点也是显而易见的,首先,其范围不好界定,只要对第三者负有的责任都有可能被纳入救助标的,失之过广;其次,传统上,作为法律客体的标的一般为有体物或无体物,只有特殊情况下的利益才被允许,例如人身和人格利益,而将责任视为其利益较为牵强;最后,责任救助中的责任是将来可能产生也可能不会产生的,其确定需要待其产生后方能实施,如果事先就允许其作为救助的标的,则将一种将来可能发生的或然性的利益作为一种现实的利益看待,与法律的稳定性

---

① Robert Cleton. Introductory Note to the International Convention on Salvage, 1989, 1989 UNIF. L. REV. o.s. 191 (1989).

② The Ausable, 262 F 783 (DC ED Cranch 1, 2 L ed 15; Waite v. The NY 1919); The Vandyck (1882) 5 Asp. M.L.C. 17 (CA).

③ The Gregerso (1973) Q.B.274.

④ The Merranio (1927) 28 Ll.L. Rep. 352 (risk of wreck raising expenses); see also The Beatsa (1937) 58 Ll.L; Rep. 85; The Bertil (1952) 2 Lloyd's Rep. 176; The Johanne Dybwad (1926) 25 Ll.L. Rep. 119 at 123; The Empress of Australia and The Debrett (1947) 81 Ll.L. Rep. 24; The New Australia (1958) 2 Lloyd's Rep. 35; United Salvage Pry Ltd. v. Louis Dreyfus Armateurs SNC (2006) F.C.A. 1141; 163 F.C.R.151; 236 A.L.R.763 at [56-58]; affirmed (2007) F.C.A.F.C.115; 163 F.C.R.183; 240 A.L.R. 630.

⑤ The Whippingham (1934) 48 Ll.L. Rep. 49.

⑥ United States v. Cornell Steamboat Co., 202 U.S. 184 (1906).

⑦ Allseas Maritime v. M/V Mimosa, E2d 243, 247 (5th Cir. 1987).

和确定性相悖,容易在实践中产生强迫救助或者恶意救助等存在道德风险或法律争议的行为。但是,如果将责任救助和具体的责任联系在一起,可以确定其主要框架和内容,则将其作为单独的救助种类是可行的,环境救助即适其例。

二、安全网

1980 年 6 月 1 日,一份经彻底修订的劳合社救助合同(LOF 1980)开始生效。在 LOF 第 1(a)条中,特别规定在"无效果,无报酬"原则的基础上向"满载或部分装载石油"[①]的油轮提供救助服务时,如果服务没有成功或仅部分成功,或者如果救助方无法完成其服务,则该油轮的船东应向救助方给予不超过其合理支出的费用和该费用 15% 的奖励,但前提是该费用和奖励大于根据本协议可收回的任何金额。在上述"无效果,无报酬"原则的例外情况下,上述费用除了救助方实际的费用支出(out-of-pocket expenses)外,还应包括其在服务中使用的所有拖船、人员和其他设备的公平价格。

"安全网"的创新似乎为救助方提供了一些经济补偿,以防止油轮造成的污染。不过 LOF 1980 中"安全网"的适用仅限于救助方:(1)救助未成功;(2)救助被有关当局阻止无法完成;(3)仅部分救助成功的情况。其中前两项是指沿岸国家对救助的干预,例如救助的油轮可能被沿海国击沉、救助方被拒绝入境,或港口当局不予合作的情形;后一项是指获救财产较少不足以支付救助报酬的情形。人们普遍认为 LOF 1980 解决了整个救助行业,特别是海难救助法面临的许多问题,但这是一个过于乐观的假设。有些缺点和疏漏需要进一步修订救助法和形成新的惯例解决。例如,"安全网"条款不包括满载或部分装载油轮以外的船舶,这是一个重大遗漏。众所周知,海上其他船舶可能会运载剧毒等非常危险的物品。埃尔·帕索·凯泽(El Paso Kayser)救助案表明,大型液化天然气运输船不仅无法成功获救,而且所涉风险非常高。对此类高挥发性和爆炸性风险的船舶所采取的预防措施不被包含在内。然而,一艘新一代集装箱船上可能携带多达16 000 吨的燃油,其潜在的污染损害也是非常巨大的,LOF 需要涵盖这类救助风险。此外,还有必要通过海事组织采取协调一致的国际行动,处理海上危险和有毒有害物质的处理、运输、清除和打捞问题。当时,在国际污染预防方面这是一个空白。[②]

三、特别补偿

(一)1981 年《蒙特利尔妥协案》

1978 年"阿莫柯·卡迪兹"号漏油事件后,在民间商业组织制定 LOF 1980 的同时,

---

① 这里的油类是指原油、燃料油、重柴油和润滑油。

② Edgar Gold, Marine Salvage: Towards a New Regime, 20 J. MAR. L. & COM. 487 (1989).

国际法律层面的行动几乎同样迅速。1979 年, IMCO 要求国际海事委员会 CMI 从私法的角度审查海难救助法,并在即将召开的会议上搁置了对船舶优先权提案的审议,成立一个由挪威埃尔林·塞尔维格(Erling Selvig)教授担任主席的国际小组委员会来编写一份关于救助问题的报告。该委员会的一个工作组编写了一份公约草案,该草案连同小组委员会的报告一起提交给 1981 年 5 月在蒙特利尔举行的国际海事委员会第 32 次会议,这就是救助公约的草案,也称之为"蒙特利尔妥协案"(Montreal Compromise)。① 该妥协案是船方(船东保赔协会)、货方(保险人)和救助方三方之间不同利益的妥协,②基本上仿照 LOF 1980 的"安全网"原则,但将其适用范围扩大至造成油污的油轮及其他船舶,且赔偿额超过 LOF 1980 的 15%限额。③ 此外,救助方代表放弃了扩大救助方权利的激进建议(例如正式确立责任救助),换取船东和货主代表接受对环境救助承担有限责任。

(二)《1989 年国际救助公约》

"蒙特利尔妥协案"中关于环境救助的条款基本内容基本上被正式通过的《1989 年国际救助公约》接受。如果救助方通过其行动防止或尽量减少了对环境的损害:(1)如果救助方救助海上财产有效果,其报酬将高于正常水平;(2)如果救助海上财产不成功,救助方将受到"安全网"的保护获得其所发生费用的补偿,加上不超过费用 30%的增加,但最高不超过 100%;(3)如果只救助成功少量的海上财产,救助方将获得由"安全网"补足的报酬。货物和船舶利益方(通过其保险公司)将支付普通救助报酬,但特别补偿将仅作为船舶责任(通过船东责任保险公司)得到满足。④

《1989 年国际救助公约》第 14 条规定:

"1.如一船或其船上货物对环境构成了损害威胁,救助人对其进行了救助作业,但根据第 13 条所获得的报酬少于按本条可得的特别补偿,他有权按本条规定从该船的船舶所有人处获得相当于其所花费用的特别补偿。

2.在第一款所述情况下,如果救助人因其救助作业防止或减轻了环境损害,船舶所有人根据第一款应向救助人支付的特别补偿可另行增加,其最大增加额可达救助人所发生费用的 30%。然而,如果法院或仲裁庭认为公平、合理,并且考虑到第 13 条第一款

---

① Peter Coulthard. A New Cure for Salvors—A Comparative Analysis of the LOF 1980 and the C.M.I. Draft Salvage Convention, 14 J. MAR. L. & COM. 50 (1983).

② 尽管蒙特利尔会议有美国《海商法》协会的成员,但没有货物保险商代表的记录。这种缺乏货主代表性的情况可能会让人觉得,这种妥协是由伦敦的利益集团促成的,这对 P&I 协会来说过于有利。

③ CMI. Travauxpréparatoires of the Convention on Salvage 1989, Comité Maritime International, 2003, p.324.

④ Nicholas J.J. Gaskell. The 1989 Salvage Convention and the Lloyd's Open Form (LOF) Salvage Agreement 1990, 16 TUL. MAR. L.J. 53 (1991).

中所列的有关因素，可将此项特别补偿进一步增加，但是，在任何情况下，其增加总额不得超过救助人所发生费用的百分之百。

3.救助人所花费用，就第一款和第二款而言，系指救助人在救助作业中合理支出的现付费用和在救助作业中实际并合理使用设备和人员的公平费率。同时应考虑第13条第一款(h)(i)(j)项规定的标准。

4.在任何情况下，本规定的全部特别补偿，只有在其高于救助人根据第13条获得的报酬时方予支付。

5.如果由于救助人疏忽而未能防止或减轻环境损害，可全部或部分地剥夺其根据本条规定应得的特别补偿。

6.本条的任何规定不影响船舶所有人的任何追偿权。”

第二节　环境救助与特别补偿

一、环境救助的相关概念

(一)特别补偿

特别补偿是指救助人对构成环境损害威胁的船舶或船上货物进行了救助作业，如果救助财产无效果或效果不明显，且未能减轻或防止环境损害，所获得的救助报酬少于救助支出的费用，救助方有权从该船的船舶所有人处获得相当于其所花费用的补偿；如果救助人因其救助作业防止或减轻了环境损害，船舶所有人应向救助人支付的特别补偿可另行增加，其最大增加额可达救助人所发生费用的30%，如果法院或仲裁庭认为公平、合理，可将此项特别补偿进一步增加。但是，在任何情况下，其增加总额不得超过救助人所发生费用的100%。

适用特别补偿的前提条件是：第一，救助的对象是对环境构成了损害威胁的船舶或其船上货物，亦即，海洋环境本身并非是独立的救助标的，其需要依附于船舶或船上货物，但特定情形下又可以给予其独立的补偿；第二，补偿数额高于根据第13条确定的救助报酬，此时，特别补偿只支付超过报酬的差额。可见报酬条款与补偿条款既存在本质的差别，又有着密切的内在联系。区别集中反映在报酬和补偿的性质上，前者主要体现为鼓励性质，后者主要体现为补偿性质。[①] 不过，不管救助是否减轻或防止了环境损害，特别补偿的数额都需要与救助方所花费用进行比较，故环境损害和所花费用也成了特别补偿的核心概念。

① 司玉琢.海商法[M].北京：法律出版社，2018：261.

(二)环境损害

公约第1条(d)项规定:“环境损害系指由污染、沾污、火灾、爆炸或类似的重大事故,对人身健康,对沿海、内水或其毗连区域中的海洋生物、海洋资源所造成的重大的有形损害。”①

环境损害是《1989年国际救助公约》中的一个关键概念。该术语是指它指出污染、沾污、火灾、爆炸或类似的重大事故对船舶以外的人身或财产的物理损害,涵盖了对空中、陆地或水域或内陆水域的污染损害以及在这些区域造成的其他类型的重大有形损害,而不是由此产生的经济后果。在蒙特利尔会议期间,增加了“对人身健康或海洋生物、海洋资源”一词,目的是排除可能只对其他财产(如仓库或岸上其他建筑物)造成重大有形的物理损害排除在定义的范围之外。② 本定义中重要的不是损害本身,而是危险船舶存在这种损害的风险,它对救助方而言,考虑的是为防止或尽量减少此类损害所做的努力或者努力的程度。

使用“沿海、内水或其毗连区域”一词是为了表明,公约鼓励在沿海国行使权利的上述水域进行的救助,但只损害公海环境风险的情况除外。这一点是防止对渔业或其他生态系统的总体环境破坏的判定的推测性和夸大的做法,必须强调的是,这不排除公海中危险船舶对沿海水域造成的损害。1982年《联合国海洋法公约》《1969年国际油污损害民事责任公约》和《1971年设立国际油污损害赔偿责任基金公约》都承认对专属经济区内的油污损害或恢复费用给予赔偿的原则,但救助公约并没有将其扩展到专属经济区。国际海事委员会决定避免提及领海和专属经济区等具体地理位置,并有意选择更模糊的表述——“沿海、内水或其毗连区域(areas adjacent thereto)”。

救助公约的损害威胁定义所包含的远不止油污,它不仅仅限于石油或其他特定货物造成的损坏风险,特别是使用“火灾”和“爆炸”这两个词,表明其意图是全面涵盖所有重大海上灾难。亦即,在上述区域必须存在更普遍性质的环境损害风险,而且必须存在严重损害的风险。

(三)所花费用

公约第14条第三款规定:“救助人所花费用,就第一款和第二款而言,系指救助人在救助作业中合理支出的现付费用和在救助作业中实际并合理使用设备和人员的公平费率。同时应考虑第13条第一款(h)(i)(j)项规定的标准。”

救助人所花费用和其合理支出的现付费用(out-of-pocket expenses)密切相关。救助

---

① 通过使用“实质性”和“重大”以及提及“污染、沾污、火灾、爆炸”,旨在明确该定义不包括对任何特定人员或设施的损害。

② CMI. Travauxpréparatoires of the Convention on Salvage 1989, Comité Maritime International, 2003, p.111.

所花费用的定义相当广泛,它涵盖了救助方自己的设备和人员的支出费用补偿,也包括救助方或代表救助方向任何第三方合理支付的款项,特别是用于雇用人员、拖船、使用的其他船艇、设备以及其他合理必要的费用。① 为避免争议,救助双方往往会在救助合同中对使用的人员、拖船、其他船艇和设备的费率予以约定,并在争议时由仲裁员确定。这里提及第 13 条第一款的(g)(h)(i)项规定的标准非常重要,它明确表明在特定情况下确定公平费率时,应考虑到救助方的固定成本和管理费用等。

二、环境救助的双层激励机制

(一)提高救助报酬(Enhanced reward)

如果救助的对象并非是有环境损害威胁的财产,救助人的首要义务是救助财产,以应有的谨慎防止和减轻环境损害是救助人应尽的附带义务,②不能将其纳入确定救助报酬考虑的因素。应有的谨慎指的是救助方应尽到合理谨慎的程度,它一般以在同等情况下一个良好救助技术的第三方会采取的合理措施为标准,和货物运输法上合理谨慎使船舶适航的标准类似。因此,专业救助人的谨慎标准应高于非专业救助人。③ 针对有环境损害威胁的财产救助,公约第 13 条第一款(b)项将"救助人在防止或减轻对环境损害方面的技能和努力"作为评定救助报酬的标准之一,是因为在财产救助上实施"无效果,无报酬"且救助报酬不得超过船舶和其他获救财产的价值,无法体现对环境救助的鼓励。将其作为判定救助报酬的因素之一,有助于救助人在救助环境损害威胁的船舶或船上货物的同时,不仅仅只是依据公约第 8 条第一款(b)项在救助作业时"以应有的谨慎防止或减轻环境损害",而是实施额外的环境救助措施,更好地保护海洋环境。在这种情况下,救助人虽然并未获得特别补偿,但是实际上获得了类似特别补偿的激励。因此,这也被称为环境救助的第一层激励机制。④

在将环境因素作为提高救助报酬时,首先,没有固定的金额来反映这种奖励,法官或仲裁员可考虑到救助作业对环境的影响,酌情提高基于第 13 条第一款列出因素的救助报酬。其次,因为救助报酬不能超过被救助财产的价值,这在几乎没有或根本没有财产被救助的情况下,转而适用第 14 条的特别补偿。第三,由于有正常的救助服务,根据第 13 条第二款,在船舶失事但部分或全部货物得到救助的情况下,财产得到救助的利

---

① CMI. Travauxpréparatoires of the Convention on Salvage 1989, Comité Maritime International, 2003:323.

② Berlingieri, Francesco. International Maritime Conventions (Volume 2)-Navigation, Securities, Limitation of Liability and Jurisdiction. Informa Law Press, 2015:92.

③ The Toju Maru [1961] 1 Lloyd's Rep 341 (HL), at 34.

④ 吴煦.救捞政策与法规[M].大连:大连海事大学出版社,2012:123.

益相关者应支付报酬。亦即,与特别补偿不同的是,被救助船舶所有人可以以共同海损的形式要求货方分摊作为救助报酬的这部分激励金额,也可以享有相应的船舶优先权。在实践中,这种奖励(包括任何提高)通常由他们的货物保险人承担。

(二)支付特别补偿(Special compensation)

公约第 14 条确立了特别补偿的法律框架,并且给予了救助人合同外的收回所花费用的权利。① 这是为了应对没有或极少财产获救的情况,例如有环境威胁的船舶和货物最终全损。本条鼓励救助方参与救助行动,即使出现财产全损的风险很高,且在防止污染方面的努力可能没有成功,救助方也愿意在存在这种环境威胁的情况下参与救助,因为至少可以保证收回其在救助作业中的所花费用。这就是环境救助的第二层激励机制。

1. 支付主体

公约第 14 条第一款规定由被救助船舶的所有人支付特别补偿,而非由燃油所有人(例如期租承租人)或货主承担。由于环境救助减少了船舶所有人的污染责任,船东保赔协会(P&I Club)也从中收益,故保险人也同意承保特别补偿,这也是蒙特利尔妥协案的一部分。然而,当部分财产获救又不够支付救助方的费用时情况较为复杂,因为这可能同时涉及第 13 条和第 14 条以及最终由哪家保险公司支付的问题。实践中的共识是获救财产的价值并非一定要用完,才能考虑支付特别补偿。②

2. 公平费率

公约生效后,公约第 14 条第三款所花费用定义中的公平费率在实践中极易产生争议。“长崎精神”号(The Nagasaki Spirit)的判决部分澄清了上述问题:首先,救助方对获救损害威胁存在之前提供的救助作业不能享受特别补偿,只有在威胁存在之后的救助作业方可享有,直到完成救助作业,而不管这种环境损害的威胁是否已经消除。其次,公平费率应该以实际发生的费用来确定,不应把利润的因素考虑在内。③ 但尚未解决的问题在于:一方面,救助方在证明其费率的公平可能会遇到各种困难,且因获救财产全损或极少而很难获得担保;另一方面,保赔协会担心救助方拖延救助作业从而获得更高的特别补偿,从而使保险人支出的费用失去控制。④ 因此,国际救助联盟(ISU)和国际船东保赔协会集团(International Group of P&I Clubs)决定谈判一项新的合同解决方案,

---

① Eghosa O. Ekbator. Protection of the Environment and the International Salvage Convention, 1989: An Assessment, 10 MIZAN. L. REv. 89 (2016).

② Nicholas Gaskell, Craig Forrest. The Law of Wreck. Informa Law from Routledge, 2019:164.

③ 司玉琢.海商法[M].北京:法律出版社,2018:262.

④ The Nagasaki Spirit, [1997] 1 Lloyd's Rep. 323.

以取代公约第 14 条的规定,即特别补偿条款(以下简称“SCOPIC”条款)。

3. 特别补偿和救助报酬之间的关系

在实践中,在确定根据第 14 条应支付的特别赔偿之前,应根据第 13 条对救助报酬进行评估。但为了计算需支付的特别赔偿,法院或仲裁庭的首要任务是确定第 14 条规定的救助方所花费的费用,根据第 14 条第一款的规定确定基本特别补偿;然后确定根据第 14 条第二款规定准备支付的奖励金额;最后用该金额减去根据第 13 条可获得的救助报酬金额。

确定救助报酬和特别补偿时可能会存在双重支付问题。有许多共同因素可能影响第 13 条救助报酬和第 14 条特别补偿的初步计算。因此,救助方的所花费用是确定第 13 条救助报酬的标准,也是根据第 14 条第三款计算特别赔偿的基础,该条还特别要求确定设备和人员的公平费率时考虑第 13 条第一款(h)(i)(j)项所列的确定救助报酬的标准。① 此外,第 13 条第一款(b)项要求考虑救助方在防止或尽量减少对环境的损害方面的技能和努力,成功实现这一点是第 14 条第二款增加救助报酬的先决条件。

第 14 条表明在评估救助报酬和特别赔偿时,可以甚至应该考虑到相同的因素。《公约》没有具体规定如何处理这两者的方案,它们的确定都通过法官或仲裁员的自由裁量权实现。有一种观点认为,应当避免向救助方支付某种形式的双重付款;也有相反的观点认为,第 14 条第二款的规定表明行使特别补偿的自由裁量权时应依据第 13 条第一款中的相关标准,而不考虑在确定救助报酬时已经考虑到这些标准的程度。

当然,在评估救助报酬和特别赔偿时,对同一因素的考虑可能不会产生相同的金额:确定救助报酬将因救助基金的规模和法庭自由裁量权的行使等而异,而第 13 条的基本特别补偿是在简单的算术基础上计算的。即使同一因素使两种计算金额都增加,但在评估这两种付款时将因救助报酬是在适度还是慷慨的基础上计算而有所不同。但这种可变性的影响与特别补偿背后的政策导向是一致的,即努力提供最低水平的补偿,从没有救助报酬时全额支付特别补偿减少到救助报酬超过特别补偿时不予支付。②

4. 特别补偿的计算

(1)法院或仲裁庭的自由裁量。如果救助作业防止或减轻了环境损害,其增加额一般为救助方所发生费用的 30%;如果其环境救助效果非常显著,法院或仲裁庭认为公平、合理,并且考虑到第 13 条第一款中所列的有关因素,可将此项特别补偿进一步增加,但是,在任何情况下,其增加总额不得超过救助人所发生费用的 100%。根据公约,

① 亦即提供服务的及时性,用于救助作业的船舶及其他设备的可用性及使用情况,救助设备的备用状况、效能和设备的价值。

② Francis Rose. Kennedy & Rose Law of Salvage. 7th edition. Sweet and Maxwell, 2009: 218-219.

第13条计算的救助报酬和第14条计算的特别赔偿是有上限的,法院或仲裁庭的自由裁量权只能在它们的上限之内做出。如果救助方根据第14条第一款享有获得特别补偿的基本权利,则该金额最初计算为相当于本条规定的救助方所花费用的金额;然后,如果救助方符合第14条第二款规定的增加条件,仲裁庭有权酌情将特别补偿金额增加至相当于所发生费用200%的金额。一旦计算出特别补偿的总额,就必须减去根据第13条可收回的救助报酬。本条还有一个含义是特别补偿只有在特殊的情况下才会超过救助人所发生费用30%,最高达到100%。在公约制定时,一些国家赞同LOF 1980安全网中增加15%的金额,另一些国家则认为应该给予其更高的增加额,但该增加额不等于每一个案件中就自动固定增加为30%或100%,而是在特殊情形下才给予增加,故这是多方妥协的结果。[①] 例如,一艘载有有毒化学品的船舶在港口起火,在短时间内,救助方以最低的费用,将其拖出海并沉没,但因为没有留下救助财产也就没有可能获得救助报酬。根据第14条第一款规定的基本特别补偿和根据第14条第二款规定的初始增加金额因救助方所花费用较低而是较低的,但该救助作业对环境非常有益,法院或仲裁庭有理由根据第14条第二款规定的自由裁量权进一步增加。[②]

(2)当事人约定了固定的救助报酬。公约第14条第一款适用于救助方"未能根据第13条获得至少相当于根据第14条应支付的特别赔偿的报酬"的情况,并且第14条第四款规定在任何情况下,本规定的全部特别补偿,只有在其高于救助人根据第13条获得的报酬时方予支付。因此,第14条假定以正常"无效果,无报酬"方式评估救助报酬(尽管在仲裁庭行使自由裁量权时存在不确定性)。然而,如果救助双方达成了一项协议,排除了第13条的适用而采用固定的金额或商定的费率支付救助报酬,有一种观点认为,不可能根据第14条支付特别补偿,因为可以说,根据第14条第一款,如果救助方未试图获得第13条规定的"无效果,无报酬"的救助报酬,他就不可能"未能获得该报酬"。还有一种观点认为,在这种情况下,如果能够客观地确定约定的救助报酬低于或高于以传统方式评估的救助报酬,则船舶所有人或救助方分别有权主张应从特别补偿中扣除传统采取"无效果,无报酬"的救助金额而不是约定的救助报酬金额。如果救助方和船舶所有人只是简单地同意协商救助报酬,则不应认定仅仅同意协商就决定了第13条规定的为第14条之目的的救助报酬。然而,如果救助报酬仅由船东以外的各方(如货方)同意并支付,船东将不受该协商的约束,并可以坚持认为可扣除金额是根据第13条的方式确定的。在这种情形下,会给评估特别补偿的法院或仲裁庭带来很大的不便。

(3)当事人约定SCOPIC条款的计算方式。如上文所述,由于救助方在证明其费率的公平的过程中可能会因为遇到各种困难和保险人担心救助方拖延救助作业从而获得

---

① CMI. Travauxpréparatoires of the Convention on Salvage 1989. Comité Maritime International, 2003:385.

② John Reeder. Brice on Maritime Law of Salvage. 4th edition, 2003:437.

更多的特别补偿。为了明确公约第 14 条特别补偿的计算方式,国际救助联盟(ISU)、国际保赔协会(IG)、保险人协会和国际航运公会几方共同协商规定,对构成环境污染损害危险的船舶或者船上货物进行救助时,采用预先约定的船艇、设备和人员的各种固定费率和奖励比例;并规定在启用 SCOPIC 条款时不考虑是否存在环境威胁以及防止和减轻环境污染的效果,从而避免在每个案件中都需要对各项人员、船艇、设备等合理费率进行认定;该规定可以大幅度减少重复劳动和特别补偿核算的工作量,能够快速解决特别补偿的商业化运作模式。如果 SCOPIC 条款并入救助合同,救助人员得在其所选择的任何时间通过向被救助船舶的船东提交书面通知来适用该条款。要求支付 SCOPIC 救助报酬时,不考虑救助是否成功,不考虑是否对环境造成威胁,也不考虑救助作业的地理位置。

此外,公约第 14 条第五款规定:"如果由于救助人疏忽而未能防止或减轻环境损害,可全部或部分地剥夺其根据本条规定应得的特别补偿。"这和公约第 18 条救助人不当行为的后果一致。并且,第 14 条关于特别补偿的任何规定不影响船舶所有人的任何追偿权。

第五章 残骸清除概述

第一节 残骸的概念和分类

一、残骸的概念

我国 1957 年《打捞沉船管理办法》第 2 条规定："除军事舰艇和木帆船外，在中华人民共和国领海和内河的沉船，包括沉船本体、船上器物以及货物都适用本办法。"2020 年《关于外商参与打捞中国沿海水域沉船沉物管理办法》第 3 条规定："沉船沉物，是指沉没于中国沿海水域水面以下或者淤埋海底泥面以下的各类船舶和器物，包括沉船沉物的主体及其设备、所载的全部货物或者其他物品。""沿海水域，是指中华人民共和国内海、领海和属于中华人民共和国管辖的其他海域。"在这部法规中，只要在我国管辖的一切海域，包括领海、内水、毗连区、专属经济区和大陆架上除军事舰艇和木帆船外的沉船沉物，均属于残骸的范畴。

《2007 年内罗毕国际残骸清除公约》（以下简称《2007 年内罗毕公约》）第 1 条第四款规定，"'残骸'系指发生海上事故后：（一）一艘沉没或搁浅的船舶；或（二）沉没或搁浅船舶的任一部分，包括当时或曾经在该船上的任何物品；或（三）船舶上落入海中并在海上搁浅、沉没或漂浮的任何物品；或（四）在尚未为援助处于危险中的某船或任何财产而正在采取有效措施的情况下，即将或合理预期会沉没或搁浅的该船。"①值得注意的是，公约所定义的残骸有一个前提，为"发生海上事故后"。在公约中，关注的不是事故的原因，而是事故的结果可能造成对航行安全和海洋环境的威胁，但它将故意沉没或抛弃的船舶排除在外。此外，残骸也不适用于任何军舰或由某一国家所有或经营的且当时仅用于政府非商业用途的其他船舶。

① 在 1996 年《残骸清除公约》草案中，"残骸"是指沉没或搁浅的船舶或其任何部分，包括船上的任何东西。

二、残骸的分类

根据《2007 年内罗毕公约》的规定，只有发生了船舶碰撞、搁浅或其他航行事故，或船舶上或船舶外发生的其他事件，导致船舶或其货物发生重大损失或存在重大损失紧迫威胁，这样的沉船沉物才受残骸清除法律制度的约束。虽然船舶的碰撞或搁浅相对明确，但“航行事故”“船上事故”或“船外事故”的外延较为模糊。因此，船舶在海上事故的情况下成为沉船是不是一个法律事实，需要根据具体的情形判断，例如，它不适用于因运营原因故意凿沉或倾覆的船舶。

残骸清除公约适用的残骸包括沉没或搁浅的船舶、沉没或搁浅船舶的一部分、沉没或搁浅船舶上的物品、沉没或搁浅船舶上的货物，以及未采取合理救援措施时即将或预期即将沉没或搁浅的船舶。① 这与我们国内法上所说的沉船沉物的概念有细微的区别。我国《外商参与打捞沉船沉物管理办法》规定：“沉船沉物是指沉没于中国沿海水域水面以下或者淤埋海底泥面以下的各类船舶和器物，包括沉船沉物的主体及其设备、所载的全部货物或者其他物品。”②比较二者的定义，可以看出，在该管理办法中，我国沉船沉物排除了部分船体在水面以上搁浅的船舶、船舶的部分，在水面以上漂浮的物品或货物。但是在《海上交通安全法》和《内河交通安全管理条例》中沉船沉物都是用沉没物、漂浮物、搁浅物来表示的，结合上述法律的规定，搁浅的船舶和漂浮在海面上的物品和货物也全部包含在内。而且，在我国国内法中，残骸不需要和公约一样以发生海上事故为前提，故包括被抛弃的沉船沉物在内。在本书中的沉船沉物如无特别指出，即指残骸清除公约下的残骸，两者可以换用。

第二节 ◆ 残骸清除的概念和构成要件

一、残骸清除的概念

残骸清除是指受影响的国家在其管辖水域内对威胁航行安全、危害海洋环境或损害相关利益的残骸进行任何形式清除的法律行为。这个定义中，很多概念都具有独特的含义。

“受影响的国家”是指残骸位于其国内法律或参加的国际公约管辖水域内的国家。我国参加了 1982 年《联合国海洋法公约》（简称“UNCLOS”），但尚未制定我国的《海洋

① 对于残骸的详细讨论见本书第一章第一节中残骸的定义。

② 具有重要军事价值的沉没舰船和武器装备及被确认为文物的沉船沉物不在外商参与打捞的对象之列。

基本法》,目前,关于残骸清除的主要法律法规共有三部。1957 年《打捞沉船管理办法》规定残骸清除的水域为我国领海和内河;2020 年《关于外商参与打捞中国沿海水域沉船沉物管理办法》规定残骸清除的水域为沿海水域,沿海水域被定义为我国内海、领海和属于中华人民共和国管辖的其他海域;2007 年《内罗毕残骸清除公约》规定了公约残骸清除的管辖水域我国的专属经济区。① 由此可见,残骸位于上述内水、内海、领海和专属经济区,我国即为受影响的国家,换言之,以上水域均属于我国残骸清除法律的适用范围。不过,对于毗连区和大陆架我国并未有专门的法律规定,需要以后在制定残骸清除法时予以一并规定。一般来说,受影响的国家即为沿岸国,但是如果沿岸国有多个(如地中海、波罗的海),这些国家的管辖权就会发生冲突,需要各国进行协调。还有一些情形,受影响国并非专属经济区内的沿岸国,而是其相邻国,此时,沿岸国的协助就显得非常重要,特别是在一些面临紧迫危险和损害的局面。

"危害"系指对航行构成危险或障碍的任何情况或威胁,或可合理预期会对海洋环境造成重大有害影响,或对一国或多国的海岸线或相关利益造成损失的任何情况或威胁。危害包括三个方面的内容:一是对航行构成危险或障碍;二是合理预期会对海洋环境造成重大有害影响;三是对一国或多国的海岸线或相关利益造成损失。

"清除"系指对残骸所造成的危害进行任何形式的预防、减轻或消除,包括扫测、探摸、定位、标记、起浮、移位、爆破、解体、清除等行为。清除的对象是残骸造成的危害而非残骸本身,在大部分情况下,对船舶本身进行移走和解体就是对危害的预防、减轻或消除。危害的预防,如对残骸进行定位标记,以防其他船舶撞上;如对沉船抽油防止污染的发生。残骸危害的预防措施可能会和其他法律竞合,比如和海难救助法律制度中的财产救助和环境救助竞合,此时,到底适用哪种法律要去分析具体的法律关系。危害的减轻,是指已经发生危害时采取措施减少危害的程度或损失的后果。例如,已经发生了船舶漏油而铺设吸油毡,设置围油栏或喷洒消油剂减少污染。危害的消除则是指从根本上使其不成为危害。例如,打捞、拆解和爆破残骸或将残骸拖离有关水域都适其例。不过,到底是预防、减轻还是消除并不取决于采取的措施力度,而取决于该措施产生的后果。例如,在有些情况下只要将其定位或标记,在海图上显示出来即可消除危害,因此,受影响国在采取有关的清除措施时要遵守合理性和适当性标准,不能施加残骸清除义务人过重的义务。

二、残骸清除的构成要件

并非所有的海上沉船沉物都需要清除,只有符合残骸清除法律规定的条件,才需要

① 如果当事国尚未设立此种区域,则为该国根据国际法所确定的、在其领海之外并与其领海毗邻的、从测量其领海宽度的基线向外延伸不超过 200 海里的区域。

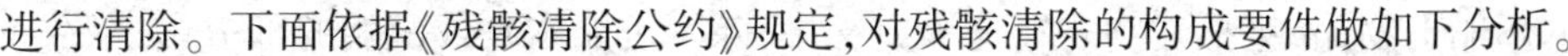

进行清除。下面依据《残骸清除公约》规定，对残骸清除的构成要件做如下分析。

(一)残骸必须位于特定的水域

一般来说，残骸所处的水域为一国法律管辖之内的领海、内水和毗连区，在一国法律管辖范围内的残骸最有可能影响该国的利益。根据《联合国海洋法公约》规定，领海是从领海基线量起最大宽度不超过 12 海里的一带水域。内水是指国家领陆内及领海基线向陆一侧的水域，包括河流及其河口、湖泊、港口、内海和历史性海湾等，被陆地包围的内海和湖泊也属于内水。毗连区是指沿海国领海以外毗邻领海，由沿海国对其海关、财政、卫生和移民等类事项行使管辖权的一定宽度的海洋区域，为领海以外邻接领海的一带海域，毗连区的宽度为 12 海里。此外，根据《2007 年内罗毕公约》的规定，该水域扩展到一国的经济专属区。如果当事国尚未设立专属经济区，则为该国根据国际法所确定的、在其领海之外并与其领海毗邻的、从测量其领海宽度的基线向外延伸不超过 200 海里的区域。

(二)必须发生了海上事故

“海上事故”系指导致船舶或其货物发生重大损失或存在重大损失紧迫威胁的船舶碰撞、搁浅或者其他航行事件，或者在船上或船外发生的其他事件。据联合国教科文组织(UNESCO)估计，数千年来，全世界一共有 300 多万艘沉船沉睡海底。一国法律既可以回溯性地涵盖所有的历史沉船，也可以只对其中部分进行管辖。一国法律可以将这些沉船分为文化遗产、军舰遗骸、水下宝藏，沉船沉物制定不同的法律进行管辖。由于在残骸清除法律中，回溯性地适用于一切残骸在实践中不大可行，因此，现在的法律将需要清除的残骸局限在发生海上事故后相继发生的沉船沉物。这样的好处是：其一，主观上强调导致残骸的原因是事故造成而非船东故意导致的，将那些因为营运原因主动沉没和抛弃的残骸排除在外。有意的弃船行为一般会选取一个对航行安全并无影响的地点，或者在已经做好对海洋环境的保护情形下进行。然而，该弃船行为如果会造成航行安全和环境损害的威胁，则仍然属于残骸清除法律范围之内。其二，客观上只要发生了事故导致船货沉没或经合理预计将要沉没，不管是在船上发生的，例如碰撞、搁浅、触礁等人为原因，还是在船外发生的，例如飓风、海浪等外来原因，只要导致船舶或其货物发生重大损失或存在重大损失紧迫威胁，均属海上事故。

(三)残骸必须是船舶、船舶的部分或船上的物品

在《2007 年内罗毕公约》制定的过程中，沉船的定义一直是每次法律委员会会议上无休止辩论的主题。① 最后残骸的定义包括沉没或搁浅的船舶或其任何部件，以及从船

① CMI. 2005 year book, p.379.

上丢失的船舶上物品,包括货物。在这个定义中,除了沉船本身或沉船的部分(如锚链)成为残骸,还有可能船舶并未沉没搁浅,而是船舶上的原木、集装箱、车辆、行李等物品掉落海里,从这个意义上说,该定义和大陆法上的沉船沉物意义接近。但是,如果不存在海上事故而故意将船上物品扔到海里,则不属于残骸。公约还规定"遇难船舶"在尚未采取有效措施援救此类船舶脱离危险时,也是残骸。一方面,此时的残骸是一种现实的可能性;另一方面,赋予国家对此类危险的主动干预权力,例如,一艘载运危化品的船舶正在燃烧,经合理预计将会沉没,而一俟其真正沉没会带来极其严重的海洋环境危害,这时国家及时干预,有助于对遇难船的正确有效处置。船上的部分和船上的货物丢失在海里,也会给航行安全和海洋环境带来威胁,因此将其纳入残骸的范围。如果是浮动式平台在运往目的地就位的途中,视为船舶;但是,如果浮动式平台(不管是否自有动力)在从事海底资源勘探、开发和利用的过程中,则不视为船舶。非从船舶上起飞或掉落海中的飞机、航空器等不属于残骸的范畴。一般来说,一国的军舰和政府公务用船通常被排除在船舶的定义之外,这类船舶及其船上物品的沉没不被认为是残骸。

(四)必须对航行安全、海洋环境或相关利益造成危害

1996年国际海事委员会(CMI)对国家立法的调查表明,大多数国家的残骸清除制度超出了航行危险,包括了油污和其他环境威胁。衡量残骸是否需要清除,最为重要的是要看残骸对航行安全、海洋环境或相关利益是否造成危害,这是残骸清除中最为核心和重要的构成要件。这些利益的判断可能分属一国海上交通安全主管部门、海洋环境保护部门、渔业部门、旅游部门和文化部门等相关部门,但最终决定进行残骸清除的机构为海事主管部门。对相关利益的判断需要遵循合理性和适当性的标准,从宏观上,一方面要注意受影响国的利益和船旗国的利益平衡;另一方面要注意沿岸国行使残骸清除的干预权和《海洋法公约》等公约上航行自由权利的协调。从微观上,判断是否构成航行安全要有一定的测量技术标准;是否构成对海洋环境的危害的判断主观上必须是合理的,客观上危害必须是重大的;是否构成其他相关利益造成的危害应以受影响国的各种经济利益为主,适当兼顾文化利益。

只有满足了上述几个要件,才能按照《残骸清除公约》要求残骸清除义务人履行清除残骸的义务。但是,各国国内法对于残骸清除的构成另有规定的,则按其规定。

第三节 ◇ 我国残骸清除立法现状

一、中华人民共和国海上交通安全法

(一)主管部门

国务院交通运输主管部门主管全国海上交通安全工作。国家海事管理机构统一负责海上交通安全监督管理工作,其他各级海事管理机构按照职责具体负责辖区内的海上交通安全监督管理工作(第4条)。目前,我国海事管理机构为国家海事局及十五个直属单位和三个航海保障中心,①每一个直属单位下辖若干地市海事局,在各县市区码头站点设置海事处。

(二)残骸的报告义务

任何单位、个人发现有妨碍海上交通安全的沉没物、漂浮物、搁浅物或者其他碍航物的,应当立即向海事管理机构报告(第27条)。碍航物的所有人、经营人或者管理人应当向海事管理机构报告碍航物的名称、形状、尺寸、位置和深度(第51条)。在我国,任何单位和个人都有报告残骸的义务,不过违反第27条的报告义务,我国《海上交通安全法》并无行政处罚规定,②但是,碍航物的所有人、经营人或者管理人违反报告义务则会受到第106条处二万元以上二十万元以下的罚款。

(三)残骸的标识义务

碍航物的所有人、经营人或者管理人应当按照有关强制性标准和技术规范的要求及时设置警示标志(第51条)。根据《中国海区应急沉船示位标设置管理规则(试行)》,船舶沉没应设置应急沉船示位标,如果为标识同一危险沉船设置了多个浮标③,其灯质必须同步闪光;可以考虑加设雷达应答器(莫尔斯编码"D")和/或AIS应答器。

(四)残骸清除义务主体

碍航物的所有人、经营人或者管理人应当在海事管理机构限定的期限内打捞清除;

---

① 国家海事局是1998年在中华人民共和国港务监督局、中华人民共和国船舶检验局的基础上合并组建而成的交通运输部直属机构。

② 如果法律规定某一行为属于违法行为,或者对某种行为做了义务性规定,但并未对上述行为设定相应的行政处罚,行政法规、地方性法规或者规章不能设定行政处罚。

③ 灯浮,灯质为互顿蓝黄三秒,蓝黄竖条柱(杆)型,如有顶标,为直立或垂直黄色十字形。

碍航物的所有人放弃所有权的,不免除其打捞清除义务(第51条)。未在海事管理机构限定的期限内打捞清除碍航物,逾期未改正的,海事管理机构有权依法实施代履行,代履行的费用由碍航物的所有人、经营人或者管理人承担(第106条)。在我国,对于碍航物的清除不仅仅限于有所有权人的残骸,还包括所有人放弃所有权的残骸。我国《民法典》规定:遗失、抛弃高度危险物造成他人损害的,由所有人承担侵权责任。所有人将高度危险物交由他人管理的,由管理人承担侵权责任;所有人有过错的,与管理人承担连带责任(第1241条)。船舶和船上物体、货物的残骸,如果存在易燃、易爆、剧毒、高放射性、强腐蚀性、高致病性等高度危险物而威胁海洋环境,所有人不能通过抛弃物之所有权而逃避残骸清除的责任;如果不存在上述高度危险物,而是因为其他原因威胁海洋环境,其抛弃行为也因违反法律强制性规定或公序良俗而无效(《民法典》第153条),仍然需要承担相应的残骸清除责任。

(五)海事管理机构的残骸清除权

不能确定碍航物的所有人、经营人或者管理人的,海事管理机构应当组织设置标志、打捞或者采取相应措施,发生的费用纳入部门预算(第51条)。考虑到残骸清除费用一般较大,全凭海事管理机构的行政支出来覆盖显得杯水车薪,因此,可以考虑建立相应的打捞清除基金,由国家行政拨款和社会捐助的形式共同组成,支付这些无主残骸的清除费用。

(六)违反残骸清除义务的行政责任

碍航物的所有人、经营人或者管理人,有下列三种情形之一:

(1)未按照有关强制性标准和技术规范的要求及时设置警示标志;

(2)未向海事管理机构报告碍航物的名称、形状、尺寸、位置和深度;

(3)未在海事管理机构限定的期限内打捞清除碍航物。由海事管理机构责令改正,处二万元以上二十万元以下的罚款(第106条)。

我国《海上交通安全法》构成了较为完整的对航道安全构成危险的残骸(碍航物)清除法律制度,对残骸清除的主管机关及其职权、清除义务人的责任都有了基本的规定,但是,对于威胁海洋环境的残骸清除需要依据我国《海洋环境保护法》的有关规定。

二、中华人民共和国海洋环境保护法

2023年修订的《中华人民共和国海洋环境保护法》并未像《中华人民共和国海上交通安全法》一样,规定详细的残骸清除内容,但是,它规定了国家对威胁海洋环境的残骸清除最为重要的国家干预权,这构成了残骸清除的另一项重要法律依据。

(一)主管部门

在我国《海洋环境保护法》中,国务院生态环境主管部门负责全国海洋环境的监督管理,负责全国防治陆源污染物、海岸工程和海洋工程建设项目(以下称“工程建设项目”)、海洋倾倒废弃物对海洋环境污染损害的环境保护工作,指导、协调和监督全国海洋生态保护修复工作(第4条第一款)。国务院交通运输主管部门负责所辖港区水域内非军事船舶和港区水域外非渔业、非军事船舶污染海洋环境的监督管理,组织、协调、指挥重大海上溢油应急处置。海事管理机构具体负责上述水域内相关船舶污染海洋环境的监督管理,并负责污染事故的调查处理;对在中华人民共和国管辖海域航行、停泊和作业的外国籍船舶造成的污染事故登船检查处理。船舶污染事故给渔业造成损害的,应当吸收渔业主管部门参与调查处理(第4条第三款)。虽然海事管理机构专门负责船舶污染海洋环境事故的监督管理和调查,但是需要受国务院生态环境主管部门的指导、协调和监督,并且同海洋行政主管部门、渔业行政主管部门、军队环境保护部门和渔业部门等沿海县级以上地方人民政府密切配合。

(二)残骸清除权

船舶发生海难事故,造成或者可能造成海洋环境重大污染损害的,国家海事管理机构有权强制采取避免或者减少污染损害的措施。对在公海上因发生海难事故,造成中华人民共和国管辖海域重大污染损害后果或者具有污染威胁的船舶、海上设施,国家海事管理机构有权采取与实际的或者可能发生的损害相称的必要措施(第90条)。根据本条,海事行政主管部门如果要对构成海洋环境威胁的残骸进行清除,必须符合如下三个条件。

1.船舶必须发生海难事故

我国《海洋环境保护法》本身并未对海难事故进行解释,只在第81条列举了碰撞、触礁、搁浅、火灾或者爆炸等引起的海难事故。我们可以参考《海上交通安全法》中海上交通事故的定义,它是指船舶、海上设施在航行、停泊、作业过程中发生的,由于碰撞、搁浅、触礁、触碰、火灾、风灾、浪损、沉没等原因造成人员伤亡或者财产损失的事故(第117条第五款)。

2.造成或可能造成海洋环境重大污染损害

海洋环境污染损害,是指直接或者间接地把物质或者能量引入海洋环境,产生损害海洋生物资源、危害人体健康、妨害渔业和海上其他合法活动、损害海水使用素质和减损环境质量等有害影响[第120条第(1)项]。

3.海难事故和污染损害发生在中华人民共和国管辖海域(第2条第一款)

例如,我国内水、领海、毗连区、专属经济区、大陆架以及中华人民共和国管辖的其他海域。在中华人民共和国管辖海域以外,造成中华人民共和国管辖海域污染、生态破坏的,也适用本法(第2条第三款)。

符合以上三个条件,国家海事管理机构有权强制采取避免或者减少污染损害的措施,这里的强制措施自然包含残骸清除中的报告、标识、打捞和清除等各项措施。值得注意的是,对公海上发生的海难事故导致的沉船,海事行政主管部门所采取的措施要与发生的损害相称,这也是我国参加的《残骸清除公约》的要求,称之为“比例原则”。比例原则也是我国行政法上的一项重要原则,具体是指行政主体实施行政行为应兼顾行政目标的实现和保护相对人的权益,如果行政目标的实现可能对相对人的权益造成不利影响,则这种不利影响应被限制在尽可能小的范围和限度之内,二者有适当的比例。所以,在发生海上环境污染损害的所有海事强制措施中,都应遵循这个原则。

(三)残骸清除和污染损害责任

造成海洋环境污染损害的责任者,应当排除危害,并赔偿损失。如果完全属于下列情形之一,经过及时采取合理措施,仍然不能避免对海洋环境造成污染损害的,造成污染损害的有关责任者免予承担责任:

①战争;

②不可抗拒的自然灾害;

③负责灯塔或者其他助航设备的主管部门,在执行职责时的疏忽,或者其他过失行为(第116条)。

这里免除的仅仅是污染责任,责任人仍然在上述三种情况发生时,有及时采取合理措施的义务,这些义务可能包含报告残骸、设置浮标和其他清除残骸措施。根据《残骸清除公约》的规定,在专属经济区内造成残骸的海上事故是上述三项情形之一的,责任人(登记船舶所有人)才能免除对残骸进行定位、标记和清除等各项费用的责任(第10条)。两者的免责事由针对的对象是不同的,一是免责原因造成海上事故;二是免责原因造成污染损害。所以,在发生海上事故后的船舶污染损害中,可能同时适用残骸清除法和其他环境污染损害法(如油污法、燃油法或HNS法),所以要注意区分两者的法律适用。2017年《海洋环境保护法》第89条规定,如果完全是由于第三者的故意或者过失造成海洋环境污染损害的,由第三者排除危害,并承担赔偿责任。在2023年修订时删除,其理由是根据《民法典》等法律规定处理。《民法典》第1233条的规定:“因第三人的过错污染环境、破坏生态的,被侵权人可以向侵权人请求赔偿,也可以向第三人请求赔偿。侵权人赔偿后,有权向第三人追偿。”环境侵权中侵权人和第三人承担的是连带责任,而在大多数国际公约和国外立法中,残骸清除义务人,承担排除危害的残骸清除

责任和污染损害赔偿的严格责任,但是,如果完全是由于第三方的故意或过失造成损害的,他是可以免责的。

(四)倾倒船舶或船上的物品、货物责任

我国《海洋环境保护法》规定任何个人和未经批准的单位,不得向中华人民共和国管辖海域倾倒任何废弃物。需要倾倒废弃物的,产生废弃物的单位应当向国务院生态环境主管部门海域派出机构提出书面申请,并出具废弃物特性和成分检验报告,取得倾倒许可证后,方可倾倒。国家鼓励疏浚物等废弃物的综合利用,避免或者减少海洋倾倒。禁止中华人民共和国境外的废弃物在中华人民共和国管辖海域倾倒(第71条)。倾倒,是指通过船舶、航空器、平台或者其他载运工具,向海洋处置废弃物和其他有害物质的行为,包括弃置船舶、航空器、平台及其辅助设施和其他浮动工具的行为〔第120条第(7)项〕。为了防治倾倒废弃物对海洋环境的污染损害,我国对倾倒废弃物采取许可证制度。根据上述规定,倾倒人故意将船舶或船上的物品、货物倾倒于海上而导致影响海洋环境的,一方面,需要清除已经倾倒的废弃物并赔偿导致海洋环境损害的损失等民事责任;另一方面,也需要承担未取得海洋倾倒许可证,向海洋倾倒废弃物的行政责任。例如,由国务院生态环境主管部门及其海域派出机构、海事管理机构或者海警机构责令改正,处以罚款,必要时可以扣押船舶;情节严重的,报经有批准权的人民政府批准,责令停业、关闭(第106条);或不按照许可证的规定倾倒废弃物的,由国务院生态环境主管部门及其海域派出机构、海事管理机构或者海警机构责令改正,处以罚款,暂扣或者吊销倾倒许可证,必要时可以扣押船舶;情节严重的,报经有批准权的人民政府批准,责令停业、关闭(第107条)。

我国《海上交通安全法》和《海洋环境保护法》是我国残骸清除最为基本的两部法律,初步构成了我国残骸清除法律体系,但对一些具体内容的实施,尚需其他法律法规的补充。

三、中华人民共和国打捞沉船管理办法

(一)适用的水域和对象

除军事舰艇和木帆船外,在我国领海和内河的沉船,包括沉船本体、船上器物以及货物(第2条)。管理办法的打捞对象包括了沉船本身、船上的器物和货物,和现代残骸清除法一致,不过适用的范围仅限于领海和内水,显得较窄,且没有对船舶、沉船下定义。

(二)打捞范围

管理办法规定,妨碍船舶航行、航道整治或者工程建筑的沉船,有修复使用价值的

沉船,虽无修复使用价值而有拆卸利用价值的沉船,应当进行打捞(第3条)。对于有修复使用价值或虽无修复使用价值但有拆卸利用价值的沉船,沉船所有人应当自船舶沉没之日起一年以内提出打捞计划和完工期限,经有关港(航)务主管机关批准后进行打捞(第6条)。

(三)强制打捞

在这些沉船中,严重危害船舶安全航行的沉船,有关港(航)务主管机关有权立即进行打捞或者解体清除,但是所采取措施应立即通知沉船所有人,如果沉船所有人不明或者无法通知时,应当在当地和中央报纸上公告(第4条)。妨碍船舶航行、航道整治或者工程建筑的沉船,有关港(航)务主管机关应当根据具体情况规定申请期限和打捞期限,通知或公告沉船所有人。沉船所有人必须在规定期限以内提出申请和进行打捞;否则,有关港(航)务主管机关可以进行打捞或者予以解体清除(第5条)。

(四)沉船所有权

沉船所有人除遇有特殊情况向有关港(航)务主管机关申请延期并经核准外,在下列情况下即丧失各该沉船的所有权:

①妨碍船舶航行、航道整治或者工程建筑的沉船,在申请期限以内没有申请或者声明放弃;或者打捞期限届满,而没有完成打捞;

②其他不属于妨碍船舶航行、航道整治或者工程建筑的沉船自沉没之日起一年以内没有申请打捞;或者完工期限已经届满,而没有打捞(第7条)。

(五)打捞费用

有关港(航)务主管机关根据第4条规定所捞起的船体、船用器物、货物或者解体所得的钢材、机件等,在无法或者不易保管的情况下,可以作价处理。沉船所有人自船舶沉没之日起一年以内,可以申请发还捞起的原物或者处理原物所得的价款,过期如不申请即丧失其所有权。沉船所有人在领回原物或者价款时,应当偿还有关打捞、保管和处理等费用。

四、中华人民共和国航道管理条例实施细则

2009年修订的《中华人民共和国航道管理条例实施细则》第31条规定:

“沉没在通航水域的船舶、设施或者有碍航行安全的物体,其所有人或者经营人应当立即报告港航监督部门和航道主管部门,按规定设置标志,或者委托航道管理部门代设代管,并应当在港航监督部门限定的时间内打捞清除。

“在狭窄的内河航道,沉船、沉物造成断航或者严重危害航行安全的,应当立即进行

清除，其费用由沉船、沉物所有人或者经营人承担。

“船舶、排筏在内河浅险段航行，因违章、超载或者走偏航道，发生搁浅，造成航道堵塞，航道条件恶化，航道主管部门采取疏浚、改道等应急措施，其经费由船舶、排筏所有人或者经营人承担。”

本条规定了沿海和内河的航道①中沉船、沉物的所有人和经营人有报告、标识和打捞清除义务，如果未在限定的时间内清除的，或造成断航或者严重危害航行安全的，航道主管部门也可以马上清除，或采取疏浚、改道等应急措施，且由船舶、排筏所有人或经营人承担费用。在实施细则里，交通运输部均为航道的主管部门，但和其他法律法规不同的是具体实施管理的是各级交通运输主管部门设置的航道管理机构，而非海事管理机构，这两者在残骸清除的管理职责上有所重叠。根据我国《水上水下作业和活动通航安全管理规定》第 5 条和第 6 条的规定，在我国管辖海域内和内河通航水域或者岸线上进行打捞沉船、沉物，应当经海事管理机构许可，并根据需要核定相应安全作业区。

① 根据《中华人民共和国航道管理条例》第 20 条第一款的规定：“航道是指中华人民共和国沿海、江河、湖泊、运河内船舶、排筏可以通航的水域。”

第六章 受影响国的权利和义务

第一节 受影响国的权利

一、强制清除残骸

我国按照《内罗毕国际残骸清除公约》第2条第一款就清除在公约区域内构成危害的残骸采取措施的方式一般如下。

(一)行政命令

如果受影响国家确定残骸构成危害,该国须立即就对残骸采取的措施与船舶登记国和受到残骸影响的其他国家进行协商(第9条第一款第2项)。本条对磋商的程序和程度没有进行规定。作为一种私法上的磋商义务,它和《联合国宪章》①规定的国际公法上的谈判义务和世贸组织带有强制性的磋商不同,也和行政机关和私人组织之间的磋商不同②。当事国可以就危害事实和程度、残骸清除启动时间和期限、责任承担方式等具体问题进行磋商,统筹考虑清除方案技术可行性、成本效益最大化、清除义务人的赔偿能力、第三方治理可行性等情况,形成合理方案。如果磋商不能解决,则受影响国或相关利益国可根据合理和比例性原则做出要求船舶登记所有人限期进行残骸清除的行政命令(公约第9条第六款)。残骸清除行政命令属于行政决定的一种,是指海事局依据自己的职权,不需相对人的意思表示即能做出并发生效力的行政决定。

---

① 《联合国宪章》第2条第三款规定:"各会员国应以和平方法解决其国际争端,避免危及国际和平、安全及正义。"

② 《生态环境损害赔偿制度改革方案》第2条第三款规定:"生态环境损害发生后,赔偿权利人组织开展生态环境损害调查、鉴定评估、修复方案编制等工作,主动与赔偿义务人磋商。磋商未达成一致,赔偿权利人可依法提起诉讼。"

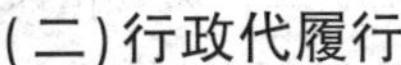

（二）行政代履行

如果登记所有人在海事主管部门行政命令设定的期限内没有清除残骸，或是无法联系到登记所有人（公约第9条第七款），海事主管部门可以自身直接清除残骸，或者委托专业打捞机构清除残骸，这是对行政命令的强制执行实施程序中的代履行。根据我国《海事行政强制实施程序规定》第17条的规定："海事管理机构依法做出要求当事人履行排除妨碍、恢复原状等义务的行政决定，当事人逾期不履行，经催告仍不履行，其后果已经或者将危害水上交通安全、造成水域污染或者破坏自然资源的，海事管理机构可以代履行，或者委托没有利害关系的第三人代履行。"第25条第一款规定："需要立即清除水上、水下碍航物或者污染物的，海事管理机构可以按简易程序实施代履行。"

（三）行政强制措施

在情况紧急需要立即采取行动，且受影响国家已经相应地通知船舶登记国和登记所有人的情况下，受影响国家可以采取现有最切实可行和最迅速且符合安全和海洋环境保护的办法对残骸进行清除（公约第9条第八款）。这通常为行政强制措施。根据我国《海事行政强制实施程序规定》第6条规定："海事管理机构采取海事行政强制措施前，海事执法人员应当制作《海事行政强制审批表》，报海事管理机构负责人批准。经批准同意采取海事行政强制措施的，海事执法人员应当制作《海事行政强制措施决定书》。"但该法第15条规定："因情况紧急，造成或者可能造成水上交通安全或者水域污染事故的（突发事件除外），可以当场实施海事行政强制措施的简易程序。"如果相对人拒绝履行，根据第27条的规定，海事管理机构可以向人民法院申请强制执行。

二、索赔清除费用

公约虽然规定了定位、标记和清除残骸是缔约国的义务，但对根据公约上述行为产生的费用由登记所有人承担（第9条第六款），缔约国因此支付的费用，可向登记所有人索赔（第10条第一款），也可向其责任保险人或提供经济担保的其他人直接提出（第12条第十款）。

在实践中，一国发出清除残骸的通知后，如果残骸所有人或其保险人签订清除合同开始作业，清除费用直接由其支付，这里可能出现的争议仅针对费用的范围会不会超出残骸清除范畴。但是如果所有人未在规定的期限内清除，拒绝清除，或者无法联系所有人进行清除，海事主管部门决定实行代履行；以及在紧急情况下做出清除的行政强制措施时，该费用由行政机构或代履行的第三人先行支付，然后才向所有人索赔。根据《中华人民共和国行政强制法》第51条第二款的规定："代履行的费用按照成本合理确定，由当事人承担。但是法律另有规定的除外。"对于行政强制措施的残骸清除，海事主管部门可以申请法院强制执行,寻求公法的保护和救济,也可以在国内法中规定相关费用的索赔。我国《海上交通安全法》第 40 条第一款规定:“对影响安全航行、航道整治以及有潜在爆炸危险的沉没物、漂浮物,其所有人、经营人应当在主管机关限定的时间内打捞清除。否则,主管机关有权采取措施强制打捞清除,其全部费用由沉没物、漂浮物的所有人、经营人承担。”根据最高人民法院法释[2020]的司法解释,①对打捞单位或行政机关要求的残骸清除费用,强制打捞清除的责任方(沉船所有人或经营人)不能享受责任限制。

三、残骸清除的干预权

公约在两个地方提及对残骸清除的干预:一是登记所有人已经签订合同开始清除时,受影响国家可以评估清除是否符合事先规定条件,如果认为清除存在不当行为,可以进行干预(第 9 条第五款);二是不管是否已经设定了清除期限,只要书面通知登记人,在危害变得特别严重的情况下,其将立即干预(第 9 条第六款第 3 项)。

在 1969 年《干预公约》通过以后,沿海国对于其管辖海域范围内的干预权受到普遍的尊重。公约借鉴了《干预公约》第 3 条和第 5 条的规定给干预权设置了协商、通知和比例性原则:一方面要给予受影响国在海洋环境污染方面充分的预防、减轻和清除的权力;另一方面也要保障所有人合法的民事权利不会因公权力的过度侵蚀而招致损害。特别是在将公约适用于领海的缔约国,在残骸处于其领海或专属经济区时,在干预权的解释和自由裁量时可能会产生较大的不同。同样,在将公约适用于领海和不适用于领海的缔约国之间,对于公约赋予的干预权,也会产生宽严不一的解释。

四、拒绝无证船舶进出港口

公约第 12 条第十一款规定:“除非已根据第二款或第十四款签发证书,缔约国不得允许适用于本条的、悬挂其国旗的船舶在任何时候从事营运。”公约第 12 条第十二款规定:“以不违反本条规定为限,各当事国须根据其国内法确保,对进入或驶离其领土内某一港口,或抵达或驶离其领海内某一近海设施的 300 总吨及以上的船舶,无论在何处登记,第一款要求的有效保险或其他担保得以满足。”这两款的规定实际上是一方面要求

---

① 《最高人民法院关于审理船舶碰撞纠纷案件若干问题的规定(法释〔2020〕)》第 9 条规定:“因起浮、清除、拆毁由船舶碰撞造成的沉没、遇难、搁浅或被弃船舶及船上货物或者使其无害的费用提出的赔偿请求,责任人不能依照海商法第十一章的规定享受海事赔偿责任限制。”《最高人民法院关于审理海事赔偿责任限制相关纠纷案件的若干规定(法释〔2020〕)》第 17 条第一款:“海商法第二百零七条规定的可以限制赔偿责任的海事赔偿请求不包括因沉没、遇难、搁浅或者被弃船舶的起浮、清除、拆毁或者使之无害提起的索赔,或者因船上货物的清除、拆毁或者使之无害提起的索赔。”

缔约国的船舶和外国的船舶在船舶运营上的非歧视,进行平等的竞争;另一方面是为了保护本国的航行安全和海洋环境,一国国内法有权设定船舶进出一国港口或设施的行政规则。实践中,对于非缔约国船舶进出缔约国港口,缔约国也会要求出示同等类似的保险证书,故在强制责任保险和财务担保上,非缔约国会间接地受到公约规定的约束。

第二节 ◇ 受影响国的义务

一、残骸警示

一旦从船舶的船长或经营人或任何其他来源获悉发生事故后残骸的存在,受影响国立即有义务"采取一切切实可行的手段,包括国家和组织的斡旋,作为紧急事项向海员和有关国家警告残骸的性质和位置"(第7条第一款)。

由于海域内存在的残骸不计其数,受影响国是否需要在加入公约前将该国管辖水域内所有的残骸都向有关国家警告,从本条上看似乎并无如此义务。公约不溯及既往,故合理的解释是公约对该国生效后才有此义务,而非公约本身2007年通过或2015年生效时。不过,即使受影响国对专属经济区内的残骸无溯及既往的警告义务,但是根据《海洋法公约》第24条第二款的规定:"沿海国应将其所知的在其领海内对航行有危险的任何情况妥为公布。"因此,在领海内,《海洋法公约》下公布的标准是对航行造成危险的情况,不管是否符合《残骸清除公约》的残骸定义,受影响国均有公布的义务。

《残骸清除公约》规定的警告义务包括其得知的一切残骸,不管这种得知是从船长、经营人还是另外的途径得知的,也不管该残骸是否构成危险或危害。因为残骸是否有危险是在受影响国接收到船长、船舶经营人的残骸报告以后才能确定的,而受影响国在判断残骸是否构成危险或危害之前就应该向海员和有关国家警示残骸的性质和位置。作为一项应急措施,此时警告的性质和位置并不需要完全准确,只要让其他船员或国家及时得知残骸的存在即可,确定准确的位置是接下来受影响国要做的事情,一旦确定了具体的位置,该国仍有更新警告信息的义务。但一旦确定了危害的存在,则产生公约第9条第一款规定的危害通知义务。

国家没有及时和正确警告需不需要承担相应的义务,视一国国内法的规定而定,此外,这一点在国际法上的地位也不大确定,除非该国放弃主权豁免,否则受害人不能得到赔偿。但是,对船舶登记所有人来说,这可能作为一项免责事由而进行抗辩,例如登记所有人证明造成残骸的海上事故是完全由负责维护灯塔或其他助航设备的政府或其他主管当局在行使其职能中的疏忽或其他不当行为所造成的,则对残骸进行定位、标记和清除的各项费用不予负责(第10条第一款第3项)。

二、确定危害

公约第1条第五款规定:"'危害'系指:(1)对航行构成危险或障碍的任何情况或威胁;或(2)可合理预期会对海洋环境造成重大有害影响,或对一国或多国的海岸线或相关利益造成损失的任何重大有害的情况或威胁。"

公约第6条规定:"在确定某残骸是否构成危害时,受影响国家应考虑到下列依据:

(1)残骸的类型、大小和结构;(2)所在区域的水深;(3)所在区域的潮差和水流;(4)根据本组织通过的指南所确定和(若适用)指定的特别敏感海域,或者根据《1982年联合国海洋法公约》第211条第六款为其采取了特殊强制措施的、专属经济区内明确界定的区域;(5)与航路或已设立的通航分道的距离;(6)交通密度和频繁程度;(7)交通类型;(8)残骸货物的性质和数量,残骸上油类的数量和种类(如燃料油和润滑油),以及此类货物和油类排放到海洋环境可能导致的损害;(9)港口设施的脆弱能力;(10)主要气象和水文情况;(11)所在区域的水下地形情况;(12)在天文潮汐最低时在水面以上或以下的残骸高度;(13)残骸声磁剖面图;(14)与近海设施、管道、通信电缆和类似结构的距离;以及(15)造成需要清除残骸的任何其他情况。"

公约规定危害的确定主要考虑两个方面的内容:一是对航行安全造成危险;二是对海洋环境造成威胁。这里详细地列举了十五项事由,可以分为四类:一是残骸本身的性质、类型、体积和结构;二是残骸所处位置的地理、气象和水文状况;三是对航道、港口和海上设施的威胁;四是造成海洋环境损害的可能性。上述十五项依据是非强制性的,最后的"造成需要清除残骸的任何其他情况"是一项同类规则,在对公约本条进行解释时起到对类似情况的兜底作用。这一项同类规则的解释实际上在很大程度上取决于其国内法的规定(类推适用)。

残骸对航行构成危险是个事实问题,一般根据上述信息就能予以判断,各国的航道管理部门对此有丰富的经验,但各国关注的焦点在于对海洋环境的威胁及海岸线或相关利益造成的损失。由于重大海洋环境事件可能带灾难性后果,要求受影响国遵守太高的标准在实践中过于严格,因此,公约只规定了"可合理预期"会造成重大有害的损害或后果,这种合理性标准放宽了残骸危害的判断门槛,而在其他公约中,一般需要对海洋环境造成严重危害的迫切威胁(imminent threat of material damage)①。这表明受现代海难经常造成重大海洋环境公众事件的影响,公约在有意地赋予受影响国更大的危害的自由裁量权。这种标准的放松也是符合实践的:残骸清除的主要目的之一是对海上安全事故和海洋环境危害进行预防,它构成CLC、HNS和BUNKER等公约的前置,一旦

---

① 例如,1992 CLC第1条第八款规定:"事件"是指造成污染损害或产生会导致这种损害的严重而紧迫的危险的任何事故,或由同一原因所引起的一系列事故。

未能预防危害的发生，则引发海洋污染损害的民事赔偿责任，可适用其他的国际公约或国内法规定。

三、定位残骸

公约第7条规定："在获知残骸之后，受影响国家须采用一切可行办法，包括各国和各组织的斡旋，紧急地就残骸的性质和位置警告有关船员和国家。如果受影响国家有理由相信残骸构成危害，它须确保采取一切可行步骤以确定残骸的准确位置。"

根据本条，受影响国得知残骸的信息后，不管该残骸是否具有危害，应该积极采取一切可行的办法，就残骸的性质和位置通知有关的船员和国家，避免造成进一步的海上事故。如果受影响国经过合理判断认定为其构成危害，这时候才引发实际的定位义务，真正进入残骸的打捞清除阶段。

定位残骸之前往往需要先进行扫测。在海上事故中残骸扫测的方法主要有拖曳式线扫描声呐、侧扫图像声呐探测和渔网拖曳等方法。采用这三种方法来探测水下残骸的工作效率都不高，都只能探测目标的有无，不能测量残骸的精确位置。① 根据最新搜寻技术的发展，2007年美国海岸警卫队联合ASA、Metron和Northrop Grumman三家公司完成了SAROPS系统的开发，并利用SAROPS系统取代了CASP系统，能够大大提高残骸搜寻的成功率并降低搜寻成本。

公约规定了受影响国"须确保采取一切可行措施(all practicable steps)以确定残骸的准确(precise)位置"。首先，受影响国的定位残骸的义务是较重的，不过与其确定的重大残骸危害相比，这种定位的要求和支付的成本并不违反公约第2条第二款所采取措施的比例原则。其次，如果受影响国花费了高昂的定位费用之后，发现其并不存在危害，或者危害很小，此时只能由该国自行承担定位的费用。一般来说，如果残骸的定位非常困难，它对航行的安全和环境的影响也不会很大，构不成公约所称的危害。只有在极其例外的情形，即使残骸无害，且定位残骸非常费时、昂贵和困难，一国出于公共政策或其他原因，才会自负费用来定位残骸。②

四、标记残骸

公约第8条规定："如果受影响国家确定残骸构成危害，则该国须确保采取一切合理措施对残骸进行标记。在标记残骸时，须采取一切可行措施以确保标记符合残骸所在区域所使用的、国际上接受的浮标系统。受影响国家须采用一切适当办法公布残骸

① 夏光辉，余义德，宫建.一种水下残骸精确定位方法[J].全球定位系统，2009(4):29.

② 以马航MH370为例，十余个国家耗费约十年时间均未能获得其准确的坠毁位置。

标记的具体细节,包括使用相关航海出版物。”

第一款规定受影响国的标记残骸和第 7 条定位残骸义务类似,只不过在定位残骸时已经有理由确定残骸构成了危害,所以本条的前提条件就由危害的不确定变成了确定。其余的措辞可与第 7 条第二款做同一解释,不再赘述。

第二款规定在对残骸进行标记时,应采用一切可行措施确保使用公认的浮标系统,而不是自行规定与国际上通行做法不一致的浮标系统。例如可采用国际航标协会(IALA)的应急沉船示位标(Emergency Wreck Marking Buoy)和浮标。应急沉船标记浮标主要用于标记对航行造成危险的新的沉船,直到该危险被清除或被适当的浮标永久标记并公布。①

第三款规定受影响国家须采用一切适当办法公布残骸标记的具体细节,包括使用相关航海出版物。如果残骸所在地无法用浮标标识,则不需要采用实地的浮标标记,仅在海图上标明位置或受影响国发布在有关区域禁止航行的航行通告,也可以满足本条的规定。在英国,领港公会(Trinity House)发布可能包含沉船信息的航海通告;在我国,各海事局负责发布在其辖区内的航行通告,并在交通运输部海事局网站上刊登。

五、清除通知

公约第 9 条规定:如果受影响国家确定残骸构成危害,该国须立即通知船舶登记国和登记所有人,并就对残骸采取的措施与船舶登记国和受到残骸影响的其他国家进行协商(第一款)。确定残骸需清除后,受影响国家须:书面通知登记所有人所设定的期限并说明,如果登记所有人在该期限内不清除残骸,该国可以对残骸进行清除,费用由登记所有人承担(第六款第 2 项);及书面通知登记所有人,在危害变得特别严重的情况下,其将立即干预(第六款第 3 项)。

(一)残骸构成危害的通知

受影响国接收到涉事船舶的船长或经营人的残骸报告,认定其报告对象为残骸后,即触发登记所有人的清除义务。该国的通知对象分别为船舶登记国和登记船舶所有人。之所以要通知船舶登记国,一方面是因为船旗国在消除沉船造成的危险的过程中负有合作的义务;另一方面是船旗国对本国的船舶具有保护的义务。这里的通知不需要以书面形式,只要以对方能知晓的方式或途径通知即可。

(二)清除期限的通知

受影响国根据危害的情形,决定清除的条件和清除期限等,并将此书面通知登记所

---

① 我国制定了《航标条例》(行政法规)和《海区航标设置管理办法》《沿海航标管理办法》《内河航标管理办法》和《中国海区应急沉船示位标设置管理规则(试行)》等部门规章。

有人。伴随着清除作业的过程,一国随后可能会发出多份通知,随后的通知就不必再通知船旗国和受到残骸影响的其他国家了。这里的通知需要书面形式,至于什么是书面形式,由该国国内法规定。

(三)干预措施的通知

公约的干预权体现在两种情形:其一,登记所有人已经签订合同正在清除作业,但该国认为其未按照其设定的清除条件或期限进行清除,因此有必要干预清除;其二,在危害变得特别严重的情况下,不管所有人是否正在清除中,该国均可以对介入清除,采取其认为确保以符合安全和海洋环境保护考虑的方式进行清除。上述的干预由于对登记所有人包括和登记所有人签订清除合同的第三方都会带来约束力,除了需要以书面的形式通知登记所有人,还需要符合其国内行政法的有关规定。

第七章 船舶所有人的义务

第一节 ◈ 残骸的报告和清除

一、报告残骸

公约第5条规定:"1.缔约国须要求悬挂其国旗的船舶的船长和经营人,在导致残骸的海上事故涉及该船时,毫不延迟地向受影响国家报告。只要船长或经营人一人履行了本条规定的报告义务,另一人则没有义务再行报告。2.此类报告须提供登记所有人的名称和主要营业地点以及受影响国家为根据第6条确定该残骸是否构成危害而需要的一切相关信息,包括:

(1)残骸的准确位置;(2)残骸的类型、大小和结构;(3)残骸损坏的性质和残骸的状况;(4)货物的性质和数量,尤其是任何有害有毒物质的性质和数量;以及(5)包括燃料油和润滑油在内的船上油类的数量和种类。"

其一,残骸的报告义务不需要以有危险或威胁为前提,只有受影响国接收到残骸的报告信息,才能接下来判断残骸是否造成航道安全的危险或威胁海洋环境,从而进一步决定采取何种应对措施。报告的内容包括两个部分:一是登记所有人的名称和主要营业地点,这将作为以后判断和联络残骸清除费用承担者的方式;二是残骸的准确位置,船舶的类型、大小、结构,损坏的性质和状况,货物或任何有害有毒物质的性质和数量,船上油类的数量和种类,以便能够帮助受影响国迅速地做出危害的判断。

其二,在公约制定的过程中,是向船旗国还是向沿海国报告有过争论,最后确定报告的对象是受影响国家而非船旗国,但这并不影响一国国内法的规定。在2003年12月的IMO第23届大会上,通过了关于海事援助服务(MAS)决议。建议所有沿海国应建立一个MAS系统,其主要目的将是接收许多IMO法律文件中要求的各种报告、咨询意见、通知等。MAS将监视船舶的位置,如果该报告表明可能产生事故,由此该船舶可能需要援助的话,充当联系点。船长或经营人可以依据IMO网站上公布的"沿海国应急联

系表(LIST OF NATIONAL OPERATIONAL CONTACT POINTS)”[①]进行联系,若船舶未在表中列出或不能及时地直接与有关应急当局取得联系,船长应有效地、最快地与最近的无线电台、指定的船舶流动报告站或救助中心(RCC)取得联系。[②]

其三,只有涉事船舶的船长和经营人才有报告的义务,两者中任何一人报告即可。之所以如此规定,是因为在现代航运实践中,很多船舶登记所有人并不实际负责船舶的日常营运,为了避免不必要的耽误造成残骸的进一步危险,让对船舶直接负有安全责任的人或在现场最了解情况的船长报告最为合适。[③] 根据公约第1条第九款的规定:“船舶经营人系指船舶的所有人,或从船舶所有人处接受船舶营运责任、并在承担该责任时已经同意接受根据经修正的《国际安全管理规则》(ISM 规则)确定的所有职责和责任的任何其他组织或个人,诸如管理人或光船承租人。”在这里引入 ISM 规则,目的是确定谁是船舶真正的安全管理者;由于大部分国家都加入了《1974 年国际海上人命安全公约》(以下简称“SOLAS 公约”),该规定问题不大。

其四,本条规定的报告义务不需要报告其他船舶或被抛弃船舶发生的事故,但在其他公约(如 MARPOL)[④]和一些国家的国内法中,这是需要向船旗国或涉事国报告的。如果船长和船舶经营人均提交了报告,但报告的内容不一致,甚至互相矛盾,它有可能成为以后约束登记所有人并据此承担责任的证据。

二、清除残骸

公约第 9 条第二款规定:“登记所有人须清除被确定为构成危害的残骸。”登记所有人系指登记为船舶所有人的一人或多人,或若没有登记,在发生海上事故时拥有船舶的一人或多人。然而,当船舶为国家所有并由在该国登记为该船经营人的公司营运时,“登记所有人”须指此种公司(第 1 条第八款)。

(一)登记所有人的义务

公约规定船舶登记所有人为残骸清除的义务主体,这是和第 10 条清除费用承担一致的。自 1969 年 CLC 确立登记所有人的严格责任以来,1971 年《基金公约》、1996 年

---

① https://www.imo.org/en/OurWork/Circulars/Pages/CP.aspx,访问日期:2023 年 11 月 15 日。

② 参见中国船级社编制的《船上海洋污染应急计划编制指南》中“向谁报告”一节。

③ 不过这并不影响船旗国在国内法中规定船舶所有人、经营人或船长向该国的报告义务。

④ 当船舶发生实际或可能发生海洋污染事件时,船长或船舶其他负责人必须按 1978 年议定书修订的《国际防止船舶造成污染公约(MARPOL 73/78)》第 8 条和议定书 I 的要求用表 1 及时地向最近沿海国家报告。

HNSC 和 2001 年 Bunker Convention 都遵循了这个惯例。[①] 登记所有人负责、承担严格责任和责任限制这三者互相配合构成了现代海洋环境污染损害公约的基本模式。在清除残骸作业中,登记所有人的清除步骤如下。

1. 接收清除通知

登记所有人接收受影响国发出的清除通知是触发其清除义务的前提。清除通知是一国行政机关做出的行政决定,登记所有人作为行政相对人具有执行该行政决定的义务。如有异议可以进行陈诉、申辩、申请行政复议、提起行政诉讼、请求行政赔偿和行政补偿。

2. 与承包商签订清除合同

登记所有人可以和任何打捞人或其他人员签订合约,代表所有人清除被确定为构成危害的残骸。在开始清除前,受影响国家可以对这类清除规定条件,但仅限于为确保以符合安全和海洋环境保护考虑的方式进行清除所必需者(第 9 条第四款)。实践中,所有人往往按照受影响国要求的清除条件进行招标[②],中标方提交执行计划、风险评估和环境计划,签订清除合同。一些国家,对领海或内水的残骸清除规定了特殊的条件[③],需要获得清除许可,遵守其特别规定。

3. 开始清除作业

"清除"系指对残骸所造成的危害进行任何形式的预防、减轻或消除(第 1 条第七款)。采取何种清除措施,公约只给了一个宽泛的定义,包括任何形式的预防、减轻或消除危害。但是,这些措施不得超出清除构成危害的残骸的合理必要程度,且须在残骸被清除后立即停止(第 2 条第三款)。例如,对一艘没有污染风险的船舶,对残骸进行标识就可以避免其他船舶的碰撞,或在其下方疏浚以便获得足够的水深而消除危险[④];对船舱进行密封或将货物泵出即可防止污染的发生;将沉船移到其他地方消除对航道的危险。上述这些措施都属于清除的范畴,而不是一定需要将船舶进行打捞、拆除、解体、爆

---

① CLC 的船舶所有人仅指登记的或实际的船舶所有人,为单一主体;HNSC 规定,除登记的或实际的船舶所有人外,如果船舶为国家所有并由在该国登记为船舶经营人的公司所经营,所有人应系指此种公司;《2001 燃油公约》的船舶所有人包括登记的或实际的船舶所有人、光船承租人、船舶管理人和经营人,为多个主体。

② 例如在韩国"世越"号的打捞中,为了查清事故原因和免于扰动遗骸,规定了投标方需采取整体打捞的方式。

③ 例如我国《国务院关于外商参与打捞中国沿海水域沉船沉物管理办法》第 6 条就规定外商参与中国沿海打捞需要和中方企业共同签订打捞合同或与中方企业成立打捞企业进行打捞。

④ 为了消除荷兰附近繁忙的航道上"阿西·欧联"号(Assi Eurolink)沉船造成的航行危险,救助方在沉船下方进行疏浚,以降低沉船,并确保沉船与水面之间有足够的水深。

破、销毁等才属于清除。清除残骸的目的是让其不再成为危害,而不是让残骸本身不复存在。为了避免受影响国采取的措施超过必要的合理程度,公约规定了清除开始前,受影响国和船旗国进行磋商,以便确定合理的清除措施。

4. 完成清除作业

清除措施须在残骸被清除后立即停止,表明公约下的登记所有人不承担超出其残骸清除责任范围的油污清除、有毒有害清除等其他公约或法律项下的预防措施的费用。分清残骸清除措施和其他预防措施的界限有助于不与包括船舶登记国在内的其他国家和人员的权利和利益产生不必要的冲突。在受影响国实行干预清除的措施时,当事国具有容忍义务(第9条第十款)。

(二)货物的清除义务

公约第4条第四款第2项和第3项规定,残骸系指在发生海上事故后,沉没或搁浅船舶的任一部分,包括当时或曾经在该船上的任何物品;或船舶在海上灭失的并在海上搁浅、沉没或漂浮的任何物品。①对货物而言,前者是指沉没或搁浅船舶上的落水货物,后者是指未沉没或搁浅船舶上的落水货物。实际上,大部分对海洋环境造成威胁的残骸是船上的货物而非船舶本身。公约规定不管是哪种情形的货物,其残骸清除仍由登记所有人负责。

如果船舶和货物一起沉没或搁浅,货物没有洒出,这种情况比较简单。如果仅仅只是货物被冲到船外(如集装箱),在茫茫大海中寻找都颇为困难,更别说清除了。如果船体破裂导致煤炭、铁矿石、液体化学品溢出,清除难度也很大。不过,货物已经成为公约中单独的一类清除标的,这和我国国内法的规定也是一致的。

在公约的制定过程中,国际航运公会(ICS)提议应该由货主承担货物部分的清除。因大家感到责任体系过于复杂,在2003年这一提议被否决。② 因此,在公约下,即使造成危险或威胁的来源是货物本身,也需要由登记所有人承担清除的责任。

近年的案件表明,残骸清除的费用越来越昂贵。据估计,"那不勒斯"号(Napoli)油轮残骸的清除费用约为1.35亿美元;"新火焰"号(New Flame)的货物和残骸的清除费用约为1.77亿美元;"雷纳"号(Rena)的船体和货物的清除费用约为6.5亿美元;"歌诗达协和"号(Costa Concord)的清除费用超过15亿美元。这些高额的清除费用引起了大家的担忧,一些国家对船舶所有人及其保险公司提出了不合理和不成比例的要求,也引发了受影响国和船舶登记人及其保险人之间的争议。

---

① 公约最终文本没有使用货物(cargo)一词,而是使用了物品(object)一词,这是令人感到奇怪的,毫无疑问,公约在制定过程中的文件表明是将货物包括在内的。

② Nicholas Gaskell, Craig Forrest. The Law of Wreck, Informa Law from Routledge, 2019:485.

第二节 ◇ 残骸的清除费用

一、严格责任

公约第10条第一款规定:“登记所有人须分别根据第7、8和9条对残骸进行定位、标记和清除的各项费用负责,除非登记所有人证明造成残骸的海上事故是由战争、敌对行为、内战、武装暴动或特殊的、不可避免且不可抗拒的自然现象所导致;完全由第三方故意造成损害的行为或不作为所造成;或完全由负责维护灯塔或其他助航设备的政府或其他主管当局在行使其职能中的疏忽或其他不当行为所造成。”

(一)责任主体

严格责任意味着除了公约所列明的免责事由外,登记船舶所有人要承担残骸定位、标记和清除的各项费用。例如,船舶与他船发生碰撞沉没,船舶因海图上未标明的礁石搁浅,船舶因发动机故障搁浅,船舶在拖航过程中因为拖轮的过失沉没,船舶因恶劣天气沉没,货主未正确申报危险品造成爆炸,上述情况均由沉没或搁浅的登记所有人承担清除费用。① 在1969年CLC之后,对于海洋环境损害的严格责任基本上就被国际社会接受了,残骸清除公约延续了这点,在公约起草的过程中也未引发争论。

1. 责任主体的范围

公约规定了船长和船舶经营人,在导致残骸的海上事故涉及该船时的报告义务,但并没有在公约中规定他们承担残骸清除费用的责任。和CLC一样,公约的船舶所有人仅指登记的或实际的船舶所有人,均为单一主体。但WRC与其他污染公约的责任主体的范围还是稍有区别的:HNSC规定,除登记的或实际的船舶所有人外,如果船舶为国家所有并由在该国登记为船舶经营人的公司所经营,所有人应系指此种公司;《2001燃油公约》的船舶所有人包括登记的或实际的船舶所有人、光船承租人、船舶管理人和经营人,为多个主体。

2. 引导条款

CLC和HNSC规定了受害人不得要求船舶所有人的雇员、代理人、船员、引航员、承租人、管理人、经营人、救助人等对损害责任公约规定的污染损害做出赔偿,但是WRC

① 残骸清除公约规定的三项免责事由和《1969年油污责任公约》第3条规定的三项免责事由的措辞一致。

没有这样的规定,这意味着对残骸进行定位、标记和移除的费用,受害方可以向登记所有人的雇员、代理人、船员、引航员、承租人、管理人、经营人、救助人等提出公约外的侵权赔偿。

(二)连带责任

公约没有规定两艘或两艘以上的船舶碰撞后均沉没或搁浅,彼此损失无法区分的情形。船舶的残骸清除工作很好区分,但是两艘船舶的定位、标记和打捞前的潜水探摸等清除准备工作的费用不好区分;在罕见的情形下,船舶碰撞导致船上所载货物泄漏混合在一起会威胁珊瑚礁的生态,也不好区分。登记所有人应对无法区分的残骸清除承担连带责任,但是如果能予以区分,则只由残骸造成危险的一方承担。当然,这并不阻碍受害方向非残骸清除一方提出公约外的索赔。

(三)追偿权

公约规定,登记所有人支付清除费用之后,可以向造成事故的第三方进行追偿(第10条第四款)。在许多情况下,导致残骸发生的事故可能是第三方过错造成的,例如船东的代理人、承租人、货主、装卸工人、修船厂等人的过错。[1] 如果这些第三方的行为构成侵权或违约,登记所有人可以向他们进行追偿。这种追偿应按照登记所有人和第三方之间的法律关系进行,第三方可以按照法律规定或合同约定享有相应的免责、责任限制和抗辩。

二、清除费用

(一)索赔方

公约并没有直接规定谁是清除费用的索赔方,但公约规定受影响国有权做出残骸清除的决定或自行清除,故公约下清除费用的索赔方是国家或国家委托的第三方。登记所有人签订清除合同向清除方支付清除作业费用,依据的是双方的合同而非公约。不过,实践中即使登记所有人签订了合同进行清除作业,国家也可能会发生扫测、定位、标记、探摸等先期费用。行政法上的清除费用有两种方式:一种是国家直接实施行政强制措施的自行替代履行;另一种是船舶登记所有人拒不打捞,国家或第三方依法实施代履行。对于国家或第三方代履行的费用,各国一般都认可其为民事性质,按照民商法中的规定索赔。例如德国制定了2013年《残骸清除索赔强制执行法》,将国家代为清除残骸

---

① 例如船长、船员的过错造成碰撞;承租人下令前往不安全港口;货主未申报危险货物;装卸工人的绑扎过失致大件物品落海;修船厂在修船时过失造成火灾。

的费用纳入《民法典》无因管理的赔偿体系。我国《海上交通安全法》第106条也规定,海事管理机构依法实施代履行的,代履行的费用由碍航物的所有人、经营人或者管理人承担。《行政强制法》第51条也规定了代履行的费用按照成本合理确定,由当事人承担。不过,对于国家行政强制措施的自行替代履行产生的费用性质,理论界还在争论不休,①实务中适用或类推适用代履行的法律规定;不过这些规定都没有明确当事人应按照民法中的哪一法律关系来承担,在实践中产生一些争议。

(二)其他公约优先适用

除非按照本公约规定,否则不得向登记所有人请求残骸定位、标记和清除的费用(第10条第三款)。对残骸定位和标记的费用比较好确定,但是公约下的清除是指对残骸所造成的危害进行任何形式的预防、减少或消除(第1条第七款),针对的是危害而非残骸本身,这就存在和其他公约重叠或交叉的情况。对于清除费用范围的确定,可做如下考虑。

残骸公约规定在相关公约冲突时,登记所有人在冲突范围内其他公约优先适用,登记所有人不对其他公约已经规定的此类费用负责。这些可能冲突的公约有经修正的《1969年国际油污损害民事责任公约》;经修正的《1996年国际海上运输有害有毒物质损害责任和赔偿公约》;经修正的《1960年关于核能领域第三方责任的公约》,或经修正的《1963年关于核损害民事责任的维也纳公约》;或规范或禁止核损害责任限制的国内法;或经修正的《2001年国际燃油污染损害民事责任公约》(第11条第一款)。此外,如果残骸清除措施被认定为救助行为,则按照一国国内法或国际公约中的海难救助法律去确定救助的报酬或补偿问题(第11条第一款)。

由此可见,如果《残骸清除公约》和其他公约产生冲突,其他公约优先于残骸清除公约适用,在残骸清除措施和海难救助作业产生冲突时,该国关于海难救助的国内法和参加的《海难救助公约》均优先于《残骸清除公约》适用。

(三)清除费用的范围

1. 预防危害发生的赔偿

公约的清除费用仅仅涉及定位、标记和清除残骸(预防、减轻和消除残骸危险)的费用,是预防损失的进一步发生的费用,原则上,它不包括已经发生的环境损害和附带经济损失(如渔业、旅游业)。残骸清除公约规定的残骸清除费用从本质上说是一种行政措施的公法性质的费用,而环境损害和利益损失则是完全的民事上私法性质的费用。

① 吴恩玉.行政法上代履行费用的若干问题研究——兼及《行政强制法(草案)》的完善建议[J].政治与法律,2010(1):53.

在公约中提到海洋环境的威胁或相关利益的损失，仅仅是作为触发公约中残骸清除义务而存在的，并非作为损害赔偿范围。亦即，残骸清除费用是一种对危险或威胁的预防、减轻或消除措施的消极的预防性赔偿，而不包含环境损害的积极赔偿。

2. 合理和比例原则

公约第 2 条规定，当事国可按照本公约就清除公约区域内构成危害的残骸采取措施。受影响国家按照前述采取的措施须与危害相适应（proportionate）。这些措施不得超出清除构成危害的残骸的合理必要（reasonably necessary）程度，且须在残骸被清除后立即停止；这些措施不得与包括船舶登记国在内的其他国家、任何有关人（自然人或法人）的权利和利益产生不必要的冲突。

公约第 2 条为"目的和一般原则"，表明了这是公约一项极其重要的基本原则，意欲在受影响国和船旗国、受影响国和登记所有人之间达到利益平衡。残骸清除公约借鉴了《1969 年国际干预公海油污事故公约》第 2 条第一款和第二款的规定①，在原有合理性原则的基础上将比例原则引入，要求采取的清除措施须与危害相适应，这就需要将清除措施限定在合理必要的程度，目的是不给残骸所有人增添不必要的额外负担；或者根据经济利益分析，采取清除措施所产生的费用和潜在受害方可能得到的利益要成适当的比例，否则即违背了公约的目的和原则。

三、责任限制

《残骸清除公约》规定，本公约的任何内容不得影响登记所有人按照适用的国内或国际机制，如经修正的《1976 年海事索赔责任限制公约》，限制其责任的权利（第 10 条第二款）。公约没有规定登记所有人的赔偿责任限额，而是将该问题提交给一国国内法或加入的《责任限制公约》解决。这样就存在有责任限制和无责任限制两种情形。例如一国国内法存在清除费用的责任限制，或一国参加了 LLMC 且未做出残骸清除费用保留的，②则按照该国的国内法或经修正的 1996 年 LLMC 责任限制金额进行限制；或者，一国国内法不存在清除费用的责任限制，且未参加 LLMC 的，则不存在责任限制，例如我国。

公约采用 2001 年燃油公约类似和 LLMC 联系的办法解决责任限制问题，而没有像

① 沿海国根据第 1 条所采取的措施，应与实际造成的损害或似将发生的损害相适应。所采取的措施不应超出为达到第 1 条所述目的而必须采取的措施，并应在达到此目的后立即停止行动；这些措施不应不必要地干涉有关船旗国、第三国以及任何有关自然人或法人的权利和利益。

② 《1976 年责任限制公约》第 2 条第一款第（四）项为"有关沉没、遇难、搁浅或被弃船舶（包括船上的任何物件）的起浮、清除、毁坏或使之变为无害的索赔"；第（五）项为"有关船上货物的清除、毁坏或使之变为无害的索赔"。

CLC、HNSC 一样建立自己单独的限额。这就意味着在发生一系列损失的索赔时,残骸清除费用只能和其他在 LLMC 下可以限制责任的索赔(例如碰撞造成的货损)共享一个责任限制金额,它们之间按照损失的比例进行分摊。因此,虽然公约规定船舶登记所有人应按照经修正的《1976 年海事索赔责任限制公约》第 6 条第一款(b)项所计算的船舶责任限制的数额进行投保(第 12 条第一款),但又规定索赔向责任保险人提起时,被告可以援引登记所有人有权援引的抗辩(登记所有人破产或倒闭除外),包括适用的国内或国际机制规定的责任限制(第 12 条第十款)。它意味着,如果适用该国的法律,清除费用不能享受责任限制,则责任保险人只赔付相当于 LLMC 的一个责任限额;如果根据该国国内法或参加的 LLMC 规定,清除费用可以享受责任限制,责任保险人只需支付登记所有人在 LLMC 下设立的责任限制基金中所需赔付清除费用的实际金额,这样仍然只是一个责任限制额,这会导致大部分残骸清除费用得不到赔偿。更为复杂的是,如果货损索赔的责任限制基金在一个 LLMC 的缔约国设立,而残骸清除费用索赔在非缔约国起诉,该国是否有义务承认该在 LLMC 缔约国设立的基金,有赖于该国法院在审判时的解释。理论上,一国的法院没有义务承认另一国的责任限制制度,除非它也是该公约的缔约国。这样的话,在那些对残骸清除没有责任限制的国家(如我国)提起清除费用索赔,责任保险人可能就需要赔付相当于经修订的 LLMC 的一个单独的责任限制金额[①],如果该金额不足以赔偿清除费用,可以继续向登记船舶所有人进行索赔,[②]这可能是公约制定时大部分国家的立场。

第三节 ◇ 强制责任保险和直接诉讼

一、登记所有人的责任保险

吨位在 300 总吨及以上且悬挂一缔约国国旗的船舶的登记所有人,须持有保险或其他经济担保,例如银行或类似机构的保证,以便承担本公约规定的责任;担保数额等同于适用的国内或国际限制机制规定的责任限额,但无论如何不超过根据经修正的《1976 年海事赔偿责任限制公约》第六(1)(b)款所计算的数额(第 12 条第一款)。

越来越多的沉船事故表明,防范单船公司赔偿不足和保险公司“先付条款”(pay to be paid)的风险就是强制责任保险和直诉制度。在公约进行磋商时,船东和国际保赔集团对此是非常抵触的,认为增加了船东的营运成本和提高了保赔协会的赔付,但在公约

① 假定某国是 1957 年 LLMC 或 1976 年 LLMC 的缔约国,虽然未参加 1996 年 LLMC,但现在其残骸清除费用责任限制金额仍然为 1996 年 LLMC 中规定的金额。

② 信誉良好的登记船舶所有人可能要求其保赔协会适用“承保风险延展条款”(Omnibus Rule),以赔付超过协会应付责任上限的保险金。

通过后,国际保赔集团欣然接受了这种安排。实际上,公约因利比里亚、巴拿马、塞浦路斯和巴哈马在内的重要船旗国批准而比预计提前生效。

该条规定,300 总吨以上缔约国船舶登记所有人应该投保或取得财务担保,这和公约第 10 条规定的残骸清除的责任人一致。缔约国的登记所有人可以在缔约国投保或取得财务担保证书,在非缔约国登记的船舶所有人也可以向任何缔约国的保险公司投保或取得银行或类似机构的保证,但投保的金额不得低于国内的责任限额,不高于经修正的 1976 年 LLMC 的责任限制金额(现为 1996 年 LLMC)。但是这里的投保限额不等于船东承担责任的最高限额,如果保险赔偿不足以清偿残骸清除费用,则由船东继续承担;船东无力继续承担的,则可能由受影响国自行承担。

二、获得强制保险证明书

船舶登记国的有关主管当局在确定第 10 条第一款要求得以满足后,须向 300 总吨及以上的每一船舶签发一证书,证明按本公约规定维持的保险或其他经济担保有效。对于在缔约国登记的船舶,此类证书须由该船舶登记国的有关主管机关签发或核证;对于没在缔约国登记的船舶,此类证书可由任一缔约国的有关主管机关签发或核证(第 12 条第二款)。证书须随船携带,并须将副本留存于保存船舶登记记录的当局,或者如果船舶没在缔约国登记,则留存于签发或核证该证书的主管机关(第 12 条第五款)。证书的有效期,不得长于保险或其他担保的有效期。如果未持有该种证书,一缔约国不得允许悬挂其国旗需要取得证书的任何船舶在任何时候从事营运(第 12 条第十一款)。各缔约国须根据其国内法确保 300 总吨及以上的船舶,无论在何处登记,在进入、驶离其领土内的某一港口或抵达、驶离其领海内的某一近海设施时,具有有效的第一款规定的保险或其他担保(第 12 条第十二款)。换言之,如果没有该种证书,该船舶无法进入缔约国的港口或领海内的海上设施。

三、保险金额的确定

公约第 12 条第一款规定,船舶所有人的强制责任保险金额等同于适用的国内或国际限制机制规定的责任限制承担本公约规定的责任,但在任何情况下不超过根据经修正的 1976 年 LLMC 第 6 条第一款(b)项所计算的船舶责任限制的数额。根据该项规定,一国可以自由确定强制保险的金额,该保险金额可以等同于国内现有法律(国际公约)的规定,但如果其国内的责任限额高于经修正的 1976 年 LLMC 规定的限额,则应与该公约规定保持一致。如果该国法律不存在责任限制,也可以直接和经修正的 1976 年 LLMC 规定保持一致。

四、直接提起诉讼

公约第12条第十款规定:“对根据本公约产生的费用的任何索赔,可向登记所有人责任的保险人或提供经济担保的其他人直接提出。在这种情况下,被告可以援引登记所有人有权援引的抗辩(登记所有人破产或倒闭除外),包括适用的国内或国际机制规定的责任限制。况且,即使登记所有人无权限制责任,被告可按照第一款要求维持的保险或其他经济担保的相等数额限制责任。此外,被告可以提出海上事故是由所有人故意不当行为所造成的抗辩,但是被告不得援引在登记所有人向被告提起的诉讼中可能有权援引的任何其他抗辩。在任何情况下,被告有权要求登记所有人参加诉讼。”

参考文献

[1] 司玉琢.海商法专论.3 版.北京:中国人民大学出版社,2015.

[2] 司玉琢.中国海商法注释.北京:北京大学出版社,2019.

[3] 司玉琢.海商法.4 版.北京:法律出版社,2018.

[4] 郭瑜.电子可转让记录立法的“单一性”难题和破解.北京:北京大学出版社,2019.

[5] 黄薇.中华人民共和国民法典释义:上、中、下.北京:法律出版社,2020.

[6] 尹田.民法典总则之理论与立法研究.北京:法律出版社,2018.

[7] 陈甦.民法总则评注:上、下.北京:法律出版社,2017.

[8] 张湘兰,邓瑞平,姚天冲.海商法论.武汉:武汉大学出版社,2001.

[9] 傅廷中.海商法.2 版.北京:法律出版社,2017.

[10] 张丽英,邢海宝.海商法教程.北京:首都经济贸易大学出版社,2002.

[11] 张恒山.法理要论.北京:北京大学出版社,2016.

[12] 吴焕宁.海商法学.北京:法律出版社,2001.

[13] 韩世远.合同法总论.4 版.北京:法律出版社,2018.

[14] 金正佳.中国典型海事案例评析.北京:法律出版社,1998.

[15] 胡建淼.行政法学.北京:法律出版社,2002.

[16] 胡建淼.行政强制法研究.北京:法律出版社,2003.

[17] 熊文钊.现代行政法原理.北京:法律出版社,2000.

[18] 司玉琢.国际海事立法趋势及对策研究.北京:法律出版社,2002.

[19] 阎铁毅.新编行政法学.大连:大连海事大学出版社,2002.

[20] 关保英.行政法的私权文化与潜能.济南:山东人民出版社,2003.

[21] 王小波.罗得海商法研究.北京:中国政法大学出版社,2011.

[22] 王泽鉴.民法总则.增订版.北京:中国政法大学出版社,2001.

[23] 梁慧星.民法总论.北京:法律出版社,2001.

[24] 维尔纳·弗卢梅.法律行为论.迟颖,译.米健,校.北京:法律出版社,2013.

[25] 周枏.罗马法原论:上.北京:商务印书馆,1994.

[26] 刘刚仿.海难救助法初论.北京:对外经贸出版社,2014.

[27] 朱庆育.民法总论.北京:北京大学出版社,2013.

[28] 王泽鉴.民法总则.修订版.北京:中国政法大学出版社,2001.

[29] 王利明.侵权行为法研究:上.北京:中国人民大学出版社,2004.

[30] 张文显.法哲学范畴研究.修订版.北京:中国政法大学出版社,2001.

[31] 王利明.民法总则研究.北京:中国人民大学出版社,2003.

[32] 交通部救助打捞局.海上救助实用指导手册.北京:人民交通出版社,2007.

[33] 王泽鉴.民法物权:通则·所有权.北京:中国政法大学出版社,2001.

[34] 江平.民法学.北京:中国政法大学出版社,2000.

[35] 王泽鉴.侵权行为法.北京:中国政法大学出版社,2001.

[36] 司玉琢.海商法专题研究.大连:大连海事大学出版社,2002.

[37] 张湘兰.海商法论.武汉:武汉大学出版社,2001.

[38] G.吉尔摩,C.L.布莱克.海商法.杨召南,等,译.北京:中国大百科全书出版社,2000.

[39] 邓瑞平.船舶侵权行为法基础理论问题研究.北京:法律出版社,1999.

[40] 章剑生.中外行政强制法研究资料.北京:法律出版社,2003.

[41] 姜明安.行政法与行政诉讼法.北京:北京大学出版社,高等教育出版社,1999.

[42] 金伟峰.中国行政强制法律制度.北京:法律出版社,2003.

[43] 刘汉明.海上救捞的海洋环境效应.北京:海洋出版社,2016.

[44] 张湘兰.海上保险与索赔理赔.北京:人民法院出版社,2002.

[45] 温世扬.保险法.北京:法律出版社,2003.

[46] 俞子清.行政法与行政诉讼法学.北京:法律出版社,2000.

[47] 卡尔·拉伦茨.德国民法通论:上、下.王晓晔,等,译.北京:法律出版社,2013.

[48] 王利明.民法典·侵权责任法研究.北京:人民法院出版社,2003.

[49] 胡正良,韩立新.《海商法》修改基本理论与主要制度研究.北京:法律出版社,2021.

[50] 刘长霞.公共当局海难救助报酬请求权研究.北京:中国政法大学出版社,2015.

[51] Maude, Frederic Philip; Pollock, Charles Edward. Frederic Philip Maude & Charles Edward Pollock: A Compendium of the Law of Merchant Shipping. 3rd ed. 1890.

[52] Willcock J W, Willcock A. Ocean, the River & the Shore: Part I: Navigation, 1863.

[53] CMI. Travauxpréparatoires of the Convention on Salvage 1989, Comité Maritime

International, 2003.

[54] John Reeder. Brice on Maritime Law of Salvage, 4th ed. Sweet & Maxwell, 2003.

[55] Francis Rose. Kennedy & Rose Law of Salvage, 7th ed. Sweet and Maxwell, 2009.

[56] Martin J. Norris. The Law of Salvage. Baker Voorhis & Co., Inc., 1958.

[57] Berlingieri Francesco. International Maritime Conventions (Volume 2): Navigation, Securities, Limitation of Liability and Jurisdiction. Informa Law from Routledge, 2014.

[58] Rainey S. The law of tug and tow, 2nd ed. Lloyd Law Press, 2002.

[59] Wigmore. A Panorama of the World's Legal Systems, 1928.

[60] Nicholas Gaskell, Craig Forrest. The Law of Wreck, Informa Law from Routledge, 2019.